瑞典模式

你不知道的瑞典社會，幸福的十五種日常

辜泳秝——著

目錄

第2部

追求良善的思想 37

第3部

建立友善的社會 101

第4部　打造全民的幸福　151

寫在書前

在書將完成之際，近兩年不見的親妹從台灣來訪，熟悉的語言和溝通方式，讓我的「異鄉人」感受急速飆升。

我以為自己一直以來融入得很不錯。

四年前的學生身分，讓我有機會從一個輕鬆、公開的異鄉人角度認識瑞典。而兩年前再度回到瑞典的新移民、瑞典國民同居人、時常無業者、亞洲女性的身分，讓我不再是個單純的「外者」。我不再是逗趣、無害的外國學生，我的異文化背景不再只是引人好奇的話題，隨之而來的還有各種「標籤」：說話時的怪腔怪調、外國姓氏、拼法奇怪的名字、黑髮單眼皮，甚至連我的個性、我的飲食、我的習慣、我的音量，都可以跟異文化扯上關係。

我努力讓自己說話聽起來「正常」、「入境隨俗」，以被當成瑞典人為目標。我再沒辦法放任自己繼續抱著短暫過客的心態，說服自己不去融入這個社會，不去了解這片土地上的文化，不學習這個國家的語言。我被迫拋下留學生、取經者的浪漫，戴上新移民更實際、冷靜的眼鏡，開始檢視這個國家、這個社會，用觀察者的態度，去了解正在變成我的家鄉的此地和正在成為我同胞的這些人們。我想知道，瑞典之所以為瑞典的原因；我想了解，瑞典克服了那些難關，又正在面臨哪些挑戰？

這個常被跟「瑞士」搞混的國家跟台灣一樣，並不是個受到太多國際關注的國家。甚至有許多歐洲人根本分不清楚挪威、瑞典、芬蘭有什麼差別，在他們的腦海裡，整個斯堪地那維亞地區是模糊的，他們也不太在乎這幾個國家誰是誰又發生了什麼事。瑞典人也跟我們一樣很喜歡問外國人，「你為什麼想來瑞典？」「你覺得瑞典哪裡好？」好像他們真的不知道瑞典哪裡吸引人一樣。瑞典沒有因為其他人的不重視或不了解而喪失自信，他們仍然以自己極小眾的語言、文化為榮，也沒有為此放棄進入國際社會或交出話語權，反倒因為清楚了解國家自我定位與優勢，在人權、性別平等、永續發展、新創等特定的領域大鳴大放。

如同台灣，瑞典並不是個站在「世界中心」的國家，而只是個位處邊陲、樹木數量多於人的「小」國家。若真要比，台灣的位置與資源還比瑞典更有優勢。然而，民主價值在瑞典社會的深化，讓瑞典人高度肯定良善價值，致力於打造一個從環境、動物到人、社群的福祉都能照顧到的國家。來自一個不斷面對統獨拉扯、經濟發展總是槓上民主價值的世界邊陲小島，這兩年來，在書寫的過程中看到瑞典社會如何在每次面對重大抉擇的十字路口之時，一次又一次選擇了民主、人權、集體利益，正是一個又一個如此艱難的決定與轉折，成就了這個國家現在的樣貌。

而台灣目前的發展情勢，我們似乎時刻都站在艱難的十字路口上。幸運的是，台灣的民主制度讓我們可以在一次次抉擇中試圖打造著我們理想中的國家社會。我認為台灣人普遍是肯定良善價值的，並且跟瑞典人有點相似的，是對新事物的好奇與接受。而我們對於求新求變的動力雖然跟瑞典不同，往往來自一點點的自卑，但我在瑞典看見這種精神在推動社會前進時的重要性。台灣體質好，加上一些後天的磨練，絕對有潛力打造出一個帶給全民幸福，如瑞典人常說的「Alla ska må bra」（人人都要好）的社會。希望這本書能給大家一些做選擇時的參考與啟發。

這本書從一般人、草根非營利組織、社會運動、政府、學校到瑞典的國際關係都有著墨。我選擇從瑞典的女性主義政治切入，原因除了自己的興趣之外，也因為女性、移民、外國同居人的多重身分，讓我對於瑞典的性別討論更加感同身受，進而從政策制定、學校教育、性別運動到男女關係多面向的去了解這個國家的性別認同樣貌。瑞典不但重視其國內的平等與正義議題，在國際上也以推動性別平等、消滅貧窮為己任。我很好奇，這樣的思維如何形塑瑞典人的世界觀與他們的國家社會？他們簡單的生活態度，以及推崇自然與人的關係，又是如何影響瑞典社會與瑞典人的日常？

在書寫期間，我一邊忙著學語言、找工作、適應新文化與異地的同居生活和各種新身分，因此常推遲寫稿進度，也常因擔心觀察紀錄有所遺漏而戰戰兢兢，多有遲疑，即使清楚知道沒有所謂「全面的事實」這種事。一拖一遲疑就是兩年，而如今就算定稿了，還是覺得有所不足。只能厚著臉皮邀請您跟我一起，透過這本書認識瑞典這個有趣的國家，也希望我的書寫可以在某些人的生活中引起一些討論或啟發。

這本書得以出版，要感謝前編輯賴芊曄對我的興趣與信心，感謝接手的編輯楊如玉、陳思帆，以及商周出版各位同仁的幫忙。也感謝常答應我央求幫忙看文章的好友王欣瑜，感謝好友林吉洋的鼓勵與支持，謝謝引薦我寫作平台的好友蔡隆豐，謝謝轉角國際與上下游新聞市集編輯群，耐心給我建議也給我發表的機會。謝謝住在台灣和世界各個角落關心我的朋友們，謝謝我在瑞典認識的所有朋友和遇見的所有人。感謝我的父母、我的姊妹與她們家人們，我愛你們。謝謝我的瑞典新家族 Bengtsson 和 Gustbeé，謝謝我的家人 Magnus、Alexander、Gustav，謝謝你們豐富了我的生命。最後，我想感謝我的老師黃競涓，謝謝老師在我出發瑞典前的一番話，促成了我的文字。謝謝大家，Tack ska ni ha.

第1部

認識瑞典精神

瑞典離「世界中心」遙遠，位處高緯，天寒地凍、資源有限，從古至今都不算什麼兵家必爭之地，說這是一片一無所有的土地，還真不為過。

從一無所有之地長出的驕傲國度「瑞典」

提起瑞典，您會聯想到什麼？

是諾貝爾獎？是ABBA合唱團？DJ Avicii？大導演英格瑪．伯格曼？是龍紋身的女孩，千禧年三部曲？是宜家極具設計感的拼裝家具？是瑞典肉丸？是北極狐背包？是平價服飾品牌H&M？是音樂串流軟體Spotify？是Skype？還是充滿「社會主義」、「左派思想」的社會福利制度？或是人人稱羨的勞動條件？雙親共享四百八十天的育嬰假？還是高到嚇人的稅率呢？許多人對瑞典的印象也許還包括富裕、男女平等、不能打小孩[1]、冰天雪地，人

1 瑞典在一九七九年立法禁止體罰兒童，是世界第一個明文禁止體罰的國家。

煙稀少的國家、不是永晝就是永夜，到處都看得到極光。

就這些印象看來，瑞典似乎是個詭異的地方：天昏地暗，卻似乎充滿創意，制度優良，適合人居。的確，瑞典的國民年平均所得約美金五萬六千三百一十九元[2]，婦女就業比例為百分之七十八，為全歐盟最高，在世界經濟論壇的「全球性別差距報告」評比中，瑞典從未掉出前五名。這個位處歐洲北疆，天寒地凍、資源有限的國家，相當重視人力資源。除了之前舉的例子之外，奠定現代生物學命名二名法的生物學家卡爾．林奈（Carl von Linné），和第一個定義國際溫標的天文學家安德斯．攝爾修斯都是瑞典人。利樂包（Tetra Pak），以及汽車三點式安全帶也同樣來自瑞典人的創意。

瑞典在社會發展上也不斷求新求變，比方說，瑞典是世界第一個立法保護新聞自由的國家（一七六六年），第一個法律上允許更動性別的國家（一九七二年），第一個立法禁止體罰兒童的國家（一九七九年）。瑞典皇室也領先全球，在一九八〇年決議，王位的繼承不論性別，一律傳給國王的第一個孩子。跟其他歐洲國家相比，歷史上瑞典的政治經濟和文化的發展並非特別卓越，甚至有點緩慢。如今的瑞典卻成為許多國家競相學習的對象，甚至被認為是人類發展出最卓越的社會。不到兩百年前，瑞典曾是歐洲最窮國之一，大量的瑞典人為了逃離飢荒而移民北美洲。瑞典的女性在一九一九年取得投票權後，社會地位才逐漸改善。一九九〇年代的全球金融風暴重重打擊了瑞典的經濟。

瑞典究竟有何過人之處，能夠走到今天這一步？

一無所有的土地

瑞典資深記者赫曼．林奎斯（Herman Lindqvist）在他的著作《瑞典史》第一章中，這樣帶出瑞典歷史：「我們什麼都沒有，唯一真正可以說自始至終屬於我們的東西，只有內陸那厚厚的冰層。」[3]根據林奎斯的說法，瑞典從

2 二〇一六年世界銀行統計資料。

花草蟲鳥，人、語言、宗教，各種建立政黨與制度的思想理論，無一不是外來！說這是一片一無所有的土地，還真不為過。

瑞典離「世界中心」遙遠，位處高緯，氣候寒冷，物產不豐，從古至今都不算什麼兵家必爭之地，在歷史上的文化成就也不比人強。跟其他歐洲國家相比，人類進入這塊土地的時間也晚多了。當孔子在東方傳授儒家思想，蘇格拉底與柏拉圖在希臘活躍的同時，瑞典人正忙著與寒冬對抗！當世界各地的思想家正忙著將人類發展推向另一個階段之時，瑞典人正為適應嚴寒而發展出新工具的使用。當歐洲中心的學者們終於注意到瑞典時，他們提到的，不外乎是這位處「世界盡頭」的土地上漫長的冬天與很冷的夏天、結冰的海水、「不算太野」的人。

未曾淪為「奴」的瑞典農民

瑞典現代的國家疆界與國家型態，在中世紀時逐漸成形。國王等統治階層出現，開始制定法律保護婦女與兒童，向農民課稅，貴族與教會開始擁有土地。農民的地位並未因此而淪落，相反的，瑞典的農民從未淪為「農奴」[4]。農民、一般市民、教會、貴族，是當時社會的四個主要社群。十四世紀發展出的國王顧問會議，更是在十五世紀時納入農民代表，是現代瑞典國會的原型。在當時，超過半數的瑞典農民擁有自己的土地，有權利選擇領導者，過著耕種、繳稅，相當自主的生活。比較富裕的農民，財富甚至與地位較低的貴族相當。

為因應環境，當時的農村有一些相當有意思的規矩。例如，由於地廣人稀，耕種需要大量人力，於是農民將村裡的耕地全部用公共籬笆圍起，以便村民在耕種時互相幫忙，而村民們也有共同維護公共籬笆的義務。此外，農

3 作者自譯。原文：” The only thing that is really our own, the only thing that has been here from the very beginning, is the inland ice.” （Lindqvist, Herman, 2002, “A History of Sweden: From Ice Age to our Age,” 2002, p.8）

4 Lindqvist, 2002, p. 66。

民依照經濟能力不同，可自由開拓荒地。然而，進行任何開墾之前，都必須先告知鄰里，以尊重他人開墾的權利。這兩個例子背後的精神，在瑞典現今社會依然可觀察到。瑞典是個既重視個人也重視集體的社會，在北國惡劣的環境，全然的個人英雄主義不但不會使人成功，反而會使人陷入危險，因此必須透過合作來存活。可是在這樣的環境中，過度依賴群體也會使人陷入困境，每個人必須具有相當程度的獨立性，以面對環境的考驗。這樣的精神，在瑞典的多黨政治以及社會福利制度中展露無遺。

十七世紀，瑞典成為歐洲強權。貴族逐漸取得多數的土地，農民不如以往自主，對地主的依賴升高，許多農民無法負擔賦稅而必須住在莊園裡，並用勞力工作支付房租，街上乞討的人越來越多，飢荒帶走人們的性命。一六五〇年，農民代表在國會提出抗議，表示瑞典農民生而自由，不願與其他歐洲國家的農民一樣淪為他人的工具。他們的抗議得到教會與市民代表的支持，這次抗議雖然沒有成功，但是非貴族的三個代表團因此學習到如何為共同利益努力。這種跨黨派合作，在日後小黨林立的瑞典國會中變成一種常態。在國王將貴族手中的土地重新分配之後，農民的地位得到改善，二十世紀初，農民的力量集結轉換為政黨[5]，進入國會參政，直至今日。瑞典農民從未淪為奴隸，並且擁有一定政治與經濟（生產）實力的歷史脈絡，或許多少為瑞典社會階級扁平化奠定了穩固的基礎。

5 一九一三年農民聯盟（Farmers' League, Bondeförbundet）成立，一九一五年全國農民工會（Jordbrukarnas riksförbund）成立，兩者在一九二二年合併，發展為現今的中間黨（Central Party, Centerpartiet），政治立場中間偏右。

女性主義政府治國的現代瑞典

如今的瑞典不再一無所有，驕傲地以世界第一個「女性主義政府」治理的國家自居。

一九七〇年代起，性別政治、反性別歧視等議題，成為瑞典政治中很重要的焦點。從一九九四年社會民主黨政府開始，以性別平等做為執政原則，全國上下的政策都必須包含性別平等的觀點。到目前為止，瑞典政府每年在國內與國際政治的治理中，都以這個核心價值為出發點，進行政策制定與預算編列。

「女性主義」或「性別平等」指的並非提升女性地位，而是確保兩性在社會上可以獲得平等的資源與機會，男性與女性在生活的各個面向能享有相同的權利、義務和機會。也就是讓人人都能不受性別刻板印象所限，有同樣的資源和機會，以自己最舒服的方式自我發展並進而形塑社會的樣貌。

瑞典推廣的女性主義政治不只關乎人權，民主與正義，更與人類發展息息相關。唯有社會上的每個成員都得以自主發揮，社會整體才可能有完全發展的機會。瑞典對性別平等的信念帶著很實際、功利的觀點，他們認為每個人都被視為社會發展的資源，而女性佔了一半的人口，若不好好開發這一半的資源，會讓資源運用的效率變得極低，社會發展就會產生問題。因此，促進「性別平等」並非專屬於女性的工作，而是每個社會成員與政府應該共同努力的目標。

以女性主義觀點出發制定的政策

以這樣的女性主義觀點出發所治理的國家，會出現怎樣的政策呢？

除了出名的育嬰制度，讓雙親都能擁有同等的育嬰機會，以及立法禁止職場性別歧視之外，瑞典還有「女性主義」的剷雪政策，在冬天大雪時許多城市會首先確保單車道與人行道的行路安全，因為調查發現，女性與兒童是這兩種道路的主要使用者。

另一個極具瑞典女性主義觀點特色的例子則是「罰嫖不罰娼」的政策。一九九九年一月開始生效的「娼妓法」從女性主義觀點出發，認為性交易是一種對婦女的暴力，在性交易中，女性往往是權力弱勢，或社會暴力（不正義）之下的受害者，是被物化的商品。而依性交易所生的人口販運，更是造成更多女性受害。因此，為了「消除對婦女的暴力」，瑞典成為第一個罰嫖不罰娼的國家。這個立意為保護性服務販賣者，處罰性服務消費者的法案，試圖透過抑制需求來解決對婦女的暴力問題，在初上路時引起許多討論。反對者認為這個法案會造成性工作者地下化，增加瑞典人出國買春的需求[6]。然而後來瑞典的娼妓與人口販運大減，這個模式也受到其他北歐國家的仿效。

這個政策不只是為了消除對婦女的暴力，也具有社會教育和宣示「性別平等」的作用。在這樣的邏輯中，可以了解瑞典的女性主義政策認為娼妓並非罪犯，是社會不公義下的犧牲者。而男性沒有權利隨心所欲利用女性的身體，就算付錢也一樣。

好還要更好，永不滿足的國家

一般人看來在社會正義各方面已經發展得近乎淋漓盡致的瑞典，對於自己的「成就」似乎從來不曾感到滿足。二〇一七年#MeToo運動在世界多國引起大量討論之後，在瑞典社會也掀起不少波濤，瑞典政府很快地便修訂強暴法，隔年七月一日新法上路，確立任何非合意的性行為都是違法行為。瑞典曾經因為瑞典性暴力案件數量領先全球，而被稱為世界「強暴之國」，然而這些數字背後所代表的意義是瑞典對於「強暴」的定義更廣、環境相對其他國家安全，使得無論男女，受害者都更敢於挺身而出報案尋求幫助。

此外，二〇一八年一月成立的性別平等部（Jämställdhetsmydiheten）為了整合、溝通全國各階層政府機關、公民社會、產業、公司等組織的性別平等相關制度與措施，進行更多性別平等的相關研究。瑞典政府展開了十年計畫，繼續致力於消除男性對婦女的暴力，也繼續研究更好的制度，讓男女能平等就業，解決同工不同酬的問題。在國際政策方面，二〇一八年四月通過一億瑞典克朗的預算，將於全球投入強化性別平等的計畫。

「也許我們已經做得比大多數人更好了，但總是還有很多進步空間。」許多瑞典人談起瑞典在社會發展上的成就時，大概會這樣總結。瑞典人這種不斷求進步的態度，給世界帶來了許多新的刺激與想法，也讓這個曾經「一無所有」的國度驕傲茁壯。

6 這個法案與女性主義的相關討論可參考楊佳羚所著《台灣女生瑞典樂活》，〈足球與性〉篇章。

扶弱濟貧的小國外交

耶誕節前一週，在瑞典南部大學城隆德的主廣場上，出現了一座玻璃錄音間。這是瑞典電台一個名為「音樂援助」（Musikhjälpen）的募款活動，這個從二〇〇八年開始舉辦的慈善活動，受到荷蘭類似活動「嚴肅要求」（Serious Request）的啟發，在耶誕節前夕，鼓勵大眾用捐款點歌或名人義賣的方式，援助世界其他國家需要幫助的人與組織。

這個有十年歷史的節目每年都會選出一個議題，做為捐款援助的重點。「音樂援助」為期六天，瑞典電台邀請三位主持人進到玻璃錄音間裡，進行一百四十四個小時不間斷的直播節目，部分節目也會由瑞典電視台直播放送到全國與網路平台。在活動六天的期間，主持人進行絕食，人飢己飢，用絕食行動與世界各地飽受飢餓之苦的人民站在一起。除了在瑞典的音樂活動之外，瑞典電台也會有特派員到世界不同角落，針對當年的主題，實地報導各地的狀況，讓人們更了解世界上正在發生的事情。每年選出的議題多與兒童的人權保障、愛滋或瘧疾等傳染病防護或難民相關。

在這個充滿愛與關懷的耶誕時節，「音樂援助」用音樂連結大眾、吸引人們關心國際與社會議題，在六天一百四十四個小時之內，現場音樂將主廣場的氣氛炒得熱鬧滾滾，有時就像在演唱會或夜店一樣熱力四射，有時又像是學校音樂會或教會團契一般溫馨感人。

這個節目對很多人來說意義非凡。曾六度出任主持人的瑞典喜劇演員酷豆（Kodjo Akolor）在二〇一六年做完最後一次的「音樂援助」時，淚流滿面地向觀眾道別，也表示「音樂援助」給了他很多，這個節目就像鴉片一樣，讓人上癮，但這個活動並不是他一個人的，他希望他的退位可以讓其他人也有機會接觸「音樂援助」，獲得成長。

「音樂援助」十年前從每年幾十萬克朗募集到現在，最近幾年募款金額都突破三千萬（約台幣一億兩千萬元），甚至在二〇一七年的「孩子不變賣」主題時，募到七千四百多萬克朗（約台幣兩億九千多萬元），是目前歷年最高紀錄。這些捐款，大多注入瑞典非官方組織在低度開發國家的海外計畫。

「瑞典來幫忙」——富國的責任

瑞典在國際上稱得上是數一數二樂善好施的已開發國家，每年支出國民所得毛額（Gross National Income，GNI）的百分之一，投入國際援助之用。聯合國大會在一九七〇年通過決議，建議經濟進步國家每年提撥出國民所得毛額的百分之〇．七[7]，做為支持世界千禧年發展目標之用，瑞典率先在一九七四年成為第一個達標，少數長年維持此標準，甚至多次超標的國

7 目前達到此標準的國家不多，除了瑞典之外，還有阿拉伯聯合大公國、挪威、丹麥、盧森堡、荷蘭與英國。

家。其他強國如英國，到了二〇一三年才達標。根據經濟合作暨發展組織（OECD）的統計，法國、德國與瑞士等歐洲富國，通常只投入約百分之〇．四的總收入。而美國在二〇一四年投入國際發展計畫的支出金額雖領先各國，也只佔了其國民所得毛額的百分之〇．一九。

瑞典的對外援助始於十九世紀，傳教士在伊索比亞傳教，並協助當地興建學校與醫院，此時的援助具有濃厚的宗教色彩。一九五〇年代初期，開始有民間團體到巴基斯坦與伊索比亞進行援助工作。官方的腳步則走得比較慢，二次大戰後的瑞典雖然因為中立立場免於戰爭波及，經濟未受影響，但瑞典的主要貿易對象西方各國元氣大傷，一些有政商關係的人士，於是開始串聯在第三世界國家進行計畫的公民團體，於國內展開了一個推廣國際援助的倡議行動「瑞典來幫忙」（Sverige hjälper），希望瑞典國民能支持政府對外援助的計畫，順帶活絡經濟活動。

一九五五年第一波的倡議行動宣導以「賦權於民」的概念，把對外援助的概念推銷給社會大眾。這階段的倡議重點在於讓大眾了解，民間捐款援助其他國家的人民，可以展現公民自決，影響政府政策。捐款的行動就是要告訴政府，瑞典人準備好了，瑞典想幫忙。在全國知名人士、政商界有力人士、公民團體、政府、甚至皇室的協力推動之下，動員了全國上下，包括上班族、學生以及大小企業自發捐款。

一九六一年第二波的倡議行動則由國會與地方議員帶頭，連續一整年提撥部分薪資投入慈善。這個時期的倡議打出了「孩子牌」，希望跨國界連結起非洲孩子與瑞典孩子的交流，讓援外的概念再往下扎根。「一封來自非洲的信」是一個揭露非洲生活狀況的展覽，當時除了在報章上可以閱讀到展覽的部分照片與文字之外，這個展更到許多學校巡迴，讓瑞典孩子們了解到其他國家孩童的困境，也讓這種扶弱濟貧的觀念更加深入瑞典社會。

雖然此時，援外的觀念仍是從凸顯西方瑞典的富強與第三世界亞非國家的貧弱出發，帶著白人優越的態度，對大眾兜售一種「我們『可以並且應該』，甚至『必須』幫助這些正在貧窮國家受苦受難的人們」的思想來教育人民，瑞典身為富國該有的道義與責任。然而，瑞典大眾在此時期被「瑞典來幫忙」行動所培養出來的集體意識，深刻不可抹滅，讓國際人道援助、發展援助成為政府爾後對外政策很重要的一環，也讓瑞典政府透過國際發展合作進行外交與人道工作時，有民眾深厚的支持與真誠的認同為後盾。非政府組織在為了外國天然災難或戰爭動亂募款時，也鮮少會遇到民眾冷言冷語。

輸出以人為本的國際影響力

一九六二年瑞典政府成立第一個官方國際援助組織，著手進行國際發展合作工作。瑞典國際發展合作署（Swedish International Development Cooperation Agency, Sida）在一九六五年成立，負責瑞典官方對外的援助工作。除了官方機構之外，Sida也與公民團體與私人企業合作，推動更全方位的國際發展工作。

瑞典政府在國際發展合作上著重於三個領域：性別平等與婦女角色，環境與氣候變遷，民主與人權。大多經費投入低度發展、貧窮或受衝突所擾的國家，例如阿富汗、索馬利亞、莫三比克等地，進行包括教育與培力的長期、中小型的社會建設與發展工作，在部分國家甚至對當地政府進行「善治」（Good governance）的訓練與協助。雖然投入大量金錢，但瑞典不追求成效立見的重大建設計畫，例如在非洲或東南亞投資高速公路或水壩等基礎建設，反而將援外經費投入「以人為本」，細水長流的社會軟體建設當中，試圖從「人」身上著手，改變一個社會，甚至一個國家。

一個相當另類的案例，則是最近在中東走紅的性教育網站。有鑑於瑞典新移民多數來自對性別議題較不熟悉的伊斯蘭教國家，民間團體也推出用各種母語教授性教育的活動與網站，希望幫助新移民和母語非瑞典語的青少年，了解自己的身體與各種性別議題。其中一個針對青少年推廣性教育的網站Youmo意外在中東國家「走紅」，用阿拉伯文、達利文[8]、索馬利亞文撰寫，圖文並茂的性知識內容似乎受到廣大中東受眾喜愛。這個本意不在對外援助

8 Dari，是阿富汗的官方語言，或稱阿富汗波斯語。

的網站，想不到意外的讓其他國家的人們得益，瑞典也得以透過網際網路，將性別知識與觀念傳播到伊斯蘭國家，獲得另類外交成果。

瑞典並非世界強權，人口也不多，只是比多數國家手頭更寬裕一些。經濟力無疑是發揮國際影響力的好工具，而瑞典懂得利用這項優勢，用國際發展合作促進經濟發展、帶動技術交換之外，也同時輸出瑞典的軟實力——更自由、民主、永續的社會制度。用軟實力打造的影響力，對受援助國與人類社會的長遠發展看來，或許比大舉興建高速公路或大型水壩更能深植人心，改變世界。

第2部

追求良善的思想

談到教育或發展、培力時，常會提到「給他一條魚，不如給他一根釣竿」的概念，培養創新自立、解決問題的能力，並給予年輕人充裕的空間與資源發揮，有能力面對未來各種挑戰，是瑞典落實「世代正義」的方式。

實踐世代正義，打造實力堅強的下一代——瑞典人養成手記

世代正義是個近年來在台灣備受討論的概念，在討論環境議題、經濟議題、人口議題時，往往會提到這個名詞。若簡單的理解這個詞，「世代正義」就是人們對於資源分配的正義產生了跨世代的關懷。例如，在環境開發上，若當代人的開發對環境造成了某些破壞，或是耗盡某項資源時，便剝奪了後代利用環境或使用資源的權利。若從經濟層面「債留子孫」的概念來理解，當代人做出的政策拉高了經濟成本時，後代人的經濟權益就因此被剝奪。在人類社會幾百年的工業化與商業化開發，資源急遽減少的情況下之下，顯然後代人所將面對的挑戰更為嚴峻。

談到教育或發展、培力時，常會提到「給他一條魚，不如給他一根釣

竿」這個概念，強調培養受教育或培力者的「自生」能力之重要。而將這個概念套用在教育下一代身上，培養他們創新自立、解決問題的能力，並給予年輕人充裕的空間與資源發揮，讓他們有能力面對未來的各種挑戰，正是瑞典落實「世代正義」的方式。

做人，從小開始

瑞典小孩從一歲開始就可以到托兒所就學，這個措施不但讓父母親能夠很快的重回職場，更重要的是讓孩子從小學習社會化。政府有義務提供服務給每個家長，無論家長是就業中或者失業，抑或是請育嬰假在家。雖然每個家長都希望能跟孩子有更多相處的時間，但也多能認同孩子早點開始社會化的好處。在家長無業或請育嬰假的狀況下，也不用成天跟孩子綁在一起，政府規定，每天至少三小時，或一週至少十五個鐘頭，孩子必須離開家庭舒適圈，到托兒所去跟其他孩子與成人互動交流。

兒童在公園遊戲。

在一到六歲的這個階段，瑞典小孩在學校不斷地玩，透過各種遊戲去學習、創造、探索，在過程中，他們學的不是數學、英文、認字，而是透過各種活動，去摸清楚社會化與團體生活的各種眉角，跟家長以外的成人培養信任感，以及跟其他同齡或不同齡的孩子溝通。

在瑞典，孩子從小就被當作「一個完整的人」看待，即使在家裡，孩子也有社會化的機會。從孩子開始會坐之後，就會有自己的椅子，上餐桌跟大家一起用餐，等到更大點可以說話溝通後，跟成人的互動更多。在社交場合，大人不會告訴孩子「你們有耳無嘴」，反而會特意找點話題跟孩子聊，讓孩子有機會發言，進而產生存在感和參與感。「我不是你們餐桌上可有可無的存在」，這讓孩子們很早就能產生自我認同，建立自信心。

在外頭，嬰幼童跟娃娃車不會被當作「大型行李」處理，兒童也不會被當成隱形的空氣。公共氛圍與環境對孩子相當友善，使得有子家庭能享受正常社會生活，而父母也有機會與空間，教育兒童在公共場所該如何表現。

瑞典教育很著重「溝通」，孩子犯了錯，大人採用「討論」、「溝通」

的方式跟孩子說明道理，共同解決問題。這讓孩子覺得受到尊重，從而學習尊重他人，培養同理心，而不是用打罵的方式製造恐懼與「假尊重」。孩子很早就開始培養思考、表達能力，更重要的是，他們的溝通能力、情感能力也得以發展。

培養青年力，全體動起來

除了社會化，學習團體生活，建立自信心，思考溝通表達能力之外，瑞典社會相當重視人的「創造力」。「創業學習」被教育部視為重要科目，從七年級開始，就培養孩子的創業能力，有些學生甚至在高中畢業前就已經有自創公司的經驗。瑞典國內更有大大小小的創意發明競賽，鼓勵孩子創造、實踐理念。

為什麼創業能力很重要？難道是為了要使人人都能開公司當老闆，蹺腳捻鬚賺大錢？瑞典輔導青年創業最知名的非營利組織「青年新創」（Ung

Företagsamhet，UF）認為，「創業力」可以使人看見需求，並提供解決方法；使人用新穎且有創意的方式思考；使人能夠展現並表達自我；使人不但能自我驅動力且能與他人合作。UF與學校合作，提供創業力的教材與教案，搭建學生與創業家、企業之間的橋梁，引導學生發現問題、解決問題，或是實現夢想。

像這樣的非營利組織，在瑞典有很多，不少地方政府也有專門的青年部門負責協助年輕人「追夢」。這些組織多提供免費諮詢服務，協助年輕人找資源、找網絡，有些專攻創業，有些專門幫年輕人實踐夢想或計畫。計畫可以小到像是成立一個韓流推廣社團，透過歐盟計畫到國外志願服務，舉辦活動，或大到成立國際援助組織。無論夢想是大是小，從發想到實踐計畫的過程中，他們都在培養「創業力」。

這麼多組織之所以能夠提供免費服務，除了政府的資金還有企業贊助之外，另一股很重要的資金來源，則是成立於一九二八年的「全民遺產基金」（Arvsfonden）。這個政府設立的基金，主要來自無人繼承的遺產或遺囑捐款，專門資助協助兒童、青年與身心障礙者的各種政府或非政府組織。這個機制讓資源得以在不同世代間流動，除了慈善目的之外，也實踐了世代正義。

為了順利進入職場提前做準備

瑞典學生在國小到高中階段，都有到職場實習的機會，認識特定的行業。為期一週的實習，有的學生透過家長安排，到家長工作的地方學習，有些則透過學校媒介，到賣場、餐廳、公司、甚至政府機關實習。這樣的學習，能讓學生們提早了解職場與特定職業，或所謂「現實世界」。也讓離開校園許久的大人們有機會跟年輕人接觸，互相交流、學習。

滿十六歲後，還可以利用暑假接受地方政府雇用，進行短期工作。工作內容包羅萬象，有園藝工作、老人照護或協助非營利組織等。在一個安全的環境下體驗職場，對青少年的生涯規畫來說頗有助益。而對於把「零失業」做為勞動政策目標的瑞典政府來說，這樣提前將年輕人送進職場中體驗的工作，可以培育「未來勞動力」，是項很值得的投資。

除了從短期的打工或實習體驗工作生活，瑞典的高中職學程在類似台灣的社會組與自然組之外（非職業學程的高中社會組分為：社會科學科、法律科、商科三個專業學程；自然組則是自然科學科），五花八門，讓對特定行業有興趣的年輕人得以學習專業技能，有些學校專攻體育或藝術項目，有些學校提供國際學程（IB），讓學生未來到國外求學更順暢，有些跨國公司更是自辦職校，直接培育公司未來的勞動力。

位於瑞典南部斯莫蘭的小鎮廷斯律（Tingsryd）的「音樂與商業學院」（Academy of Music and Business，AMB），是由從小在當地長大的世界知名音樂製作人安德列斯．卡爾森（Andreas Carlsson）與朋友所創辦。這個學院招募瑞典全國有音樂長才或對音樂產業有興趣的青少年，針對音樂表演、創作、製作、行銷做專業訓練。學院的顧問一字排開，都是歐美日韓音樂產業中有影響力與成就的人物。知名吉他品牌吉普森（Gibson）是學院的重要贊助廠商，提供樂器與表演器材，讓年輕學子在鄉下也有機會享受世界級的表演規格，接受世界級音樂人的指導。這樣頂級又全面的音樂教育，在瑞典的零學費政策下，家長與學生不需花費一分一毫就能享受。而像這樣的學校競爭激烈，能通過學科與術科徵選進入的學生，在這個領域通常都已經有很不錯的程度和表現。

解決未來世界問題的世界公民

瑞典教育也重視國際觀，成為一個國際人，是未來世代非常重要的「技能」。因為環境和眾多其他問題不再受國界所限，能夠立足在地，放眼全球的世界公民，才有能力解決未來世界的問題。而科技與網際網路就是接觸世界最初步、簡單的方法。瑞典學校在教學上相當重視科技的使用，有些學校從三年級起就會給每個孩子一台平板電腦，再大一點可能就有學校發的筆記型電腦，所有學習、作業、跟老師的溝通都可以透過電腦網路，瑞典有相當豐富並且製作精良的線上學習網站，針對各種學科，不同程度和需求而設計，很方便大眾自學。

孩子們從九歲開始學英文，十二、三歲開始可以再增選一門外國語，母語為外國語或瑞典少數語言[9]的學生，有權利在學校接受母語教育，語言被人們視為很重要的資本。此外，瑞典的年輕人有許多實際上的國際交流機會，由於歐盟的補助，年輕人能免費參加國際活動[10]，包括短期的青年文化交流營隊、短期或長期的海外志工服務，無論是參加海外營隊或是在國內參與計畫、規畫營隊，都能讓年輕人有機會接觸外國人、開啟視野、認識世界，培養國際人胸懷。

到了大學、研究所階段，瑞典政府還有一個鼓勵學生到開發中國家做田野調查的獎助金（Minor Field Studies，MFS），這個獎助金資助不同科系的學生，一人兩萬七千瑞典克朗（約新台幣十萬八千元），到海外去了解當地社會，進行短期學術研究，這樣的資金讓年輕人勇敢追夢，不需因經濟因素而放棄自己最有興趣的研究，也不需為了自己的興趣窮困潦倒。取得這個獎助金到世界各地做研究的年輕人，必須使用英文或研究國當地語言書寫論文，讓更多人能獲益於其研究成果，出國前會有行前準備的訓練，回國後也必須完成學業並發表研究成果。獎助金不足之處，學生可以向中央學習補助貸款（Centrala Studiestödsnämnden，CSN）另外申請國外學習資金[11]，畢業後再以百分之〇．一三的低利率償還。這樣的措施讓來自各種家庭背景的年輕人都有本錢出外闖蕩、增廣見聞，對於青年學者的培養也非常有利。

活到老學到老

看了這麼多，應該可以感覺到瑞典培養下一代的誠意，以及「給他們釣

9 瑞典的少數語言包括：芬蘭語、意第緒語（jiddisch）、梅安語（meänkieli，一種芬蘭北部的語言）、羅姆語（romska）、薩米語。

10 歐盟的伊拉斯莫斯計畫（Erasmus +）希望透過各國交流促進歐洲和平，因此鼓勵並資助歐洲與鄰近國家辦理各種青年交流活動。

11 瑞典學生在大學時的開銷包括住宿費、生活費主要從這個貸款而來，若想到國外讀書，也可以申請這筆學習貸款。

竿」的用心。然而，若世代正義只停留在關注一般年輕人的發展上，那就不夠正義了，對於身心障礙者、年長者或失業者，瑞典也有相當完善的教育與進修體系，讓任何人在任何階段想學習、增進知識或技能，隨時都有管道與資源。為了打破硬體與空間的限制，讓所有人都有機會進修，瑞典的線上課程相當多元及完備，在國稅局登記並取得人口號的居民們，都可以免費到大學修課，每個城市也都有類似台灣社區大學的成人教育單位，開設各種進修或怡情養性的課程。部分公司與工會還提供員工和會員學習獎助金，鼓勵大家繼續進修，活到老、學到老。

人們學習的過程並沒有在離開校園那一刻結束，而是不斷持續的，並且無時無刻都可以發生。這樣看重人的發展，友善學習的環境，也讓瑞典社會充滿「精益求精」的學習氣氛，在課堂上跟爺奶級的長輩當同窗，並不是一件罕見的事。這樣鼓勵全民精進的小動作，不但能提升整體國民競爭力，更促使相關產業的發展與進步，促進就業，為國家社會的發展帶來多重利益。

性別、情感、性教育這些小事

當我跟烏麗卡聊起，十歲的菲利普言談之中開始出現五花八門的性用語，並且開始對生殖器官與胸部、屁股產生興趣，甚至有動手觸摸的情形時，她有點不好意思地告訴我，最近菲利普和他的同學們似乎開始對性產生好奇。同學們可能從電視、網路或年長的兄姊那邊聽說一些「奇聞軼事」，在十歲的小孩間開始流傳出各種校園傳說。烏麗卡有點無奈地笑了笑，她原本以為孩子對性的興趣不會來得那麼快，現在她得把百科全書搬出來，好好跟兩個孩子解釋人體的構造，以滿足他們的好奇心。

孩子就學後，開始跟同學在體育課後一起淋浴，瑞典的父母可能就要準備接招，面對好奇的孩子一連串有關身體和性的問題。

每個家庭對於性話題的開放度不盡相同，不是每個家長都能對孩子的好奇心有求必應。這時候，他們可能會轉向其他資訊來源，學校、媒體、網路上的資源就顯得格外重要。瑞典政府針對網路世代的需求，也製作了許多精采的內容提供家長、孩子、老師做參考。

瑞典的性教育總是從人際相處和親密關係出發，除了教導孩子生理方面的知識，心理衛生在性教育中更為重要，因此去脈絡地教導性行為如何發生並非教學目標，反而會從討論如何與他人相處，愛是什麼，如何面對情感等議題切入，然後才進入下一個階段——身體上的親密接觸。

老牌性別團體「瑞典性教育協會」（Riksförbundet för sexuell upplysning，RFSU）主張，性教育是一門永遠學不完的知識，每個人在不同階段都需要持續了解與探索性，學習各種性知識並不會帶來更多的性行為，但可以讓你有更美好的性經驗。

一千個你不敢問的問題

了解了成長中的孩子對身體、情感、朋友、生命充滿各種疑問與好奇，瑞典兒童電台製作的「一千個勇敢的問題」（1000 modiga frågor）節目，開放孩子來信提問，每週兩次，由來自教育界與瑞典性教育協會的專家，在空中回答孩子各種難以啟齒的疑難雜症。

孩子的勇敢提問，除了人際關係、情感問題，還包括初經來潮，胸部或陰莖、陰部的大小與形狀，同性戀、跨性別者、陰道分泌物、割包皮等可能連成人都不好意思回答的問題。這個節目不避重就輕選擇性回答疑問，也不幫孩子決定他們該在幾歲的時候學習那些知識，而是提供他們一個安全且可信任的平台，讓孩子們自主選擇他們想了解的議題，然後提供專業資訊引導孩子們建築自己的世界觀。

雞雞妹妹滿天飛

瑞典電視台兒童頻道（Barnkanalen）二〇一五年製作了一支名為「雞雞與妹妹」（Snoppen och snippan[12]）的音樂錄影帶，朗朗上口的歌詞和洗腦的旋律，讓許多人一聽就忘不了。影片中用可愛的動畫呈現男女性器官，穿戴高禮帽、手拿拐杖的雞雞紳士，與有著捲翹眼睫毛的妹妹女士唱歌跳舞，彼此喜愛，好不快樂。

這支影片一出，就被 YouTube 列為限制級，在電視台反映後才改為普遍級。但依舊引起國際討論，甚至受到檢舉。很多外國網友認為這支影片應該列為十八禁，怎麼可以讓兒童觀賞男女性器官互相擁抱、唱歌跳舞的畫面呢？影片在國際社會引起軒然大波之後，瑞典電視台不但沒有把影片下架，反而製作了英文版，讓更多觀眾了解影片的內容，結果又造成瘋傳。

來自國際的評論正反皆有，引起我注意的，反而是瑞典本國觀眾的反應，顯示出瑞典社會對於性別議題的「另類」態度。瑞典網友對性器官跳舞「視而不見」，反而看見了更深入的性別平等議題。

「這是性別歧視！」（影片的異性戀觀點排除了其他性向族群。）

「誰說雞雞就只能等妹妹，妹妹就要等雞雞？」（吸引異性與性並非性器官的唯一功能。）

陰莖陰部等人體部位出現在瑞典媒體上的頻率，讓瑞典人對在電視上看見衣服底下的景色見怪不怪，桑拿文化以及在學校、健身房或游泳池的公共場所集體淋浴文化，也讓瑞典人對於裸露身體這件事，相對其他國家的人較習以為常。認識性器官對瑞典人來說，幾乎是性教育最基礎的入門，在兒童頻道唱唱跳跳的陰莖與陰部，到了中學生的性教育影片中，開始有更多、更深入的接觸。

12 snippa這個兒童用詞指的是女性性器官，是瑞典性教育協會（RFSU）在一九九五年創造，在此之前瑞典文中並不存在專指女性性器官的兒童用語。

例如瑞典教育電台（Utbildningsradio AB，UR）為八年級學生所製作的性教育節目《性知識》（Sexkunskap），除了片頭片尾的陰莖陰部滿天飛，幾乎每集節目中陰莖陰道都會以動畫或是模型的型態出現。節目中教授「性與共同生活」（sex och samlevnad）的老師珊娜跟她的學生們，從各種角度討論性、性傾向、性知識的議題。這個一共八集的節目，主題包括「精液是什麼味道？」、「愛是什麼？是什麼感覺？墜入愛河」、「我是不是同性戀？」、「第一次（的性經驗）」、「男生是不是常常性興奮」、「性為什麼讓人愉悅？」、「G點在哪裡？」種種開始對性產生好奇的青少年可能感興趣的問題，節目中的珊娜老師總是用更多問題反問學生，主動出擊，引領學生討論，並且用健康的態度認識性以及親密關係。當學生年紀更大一點，到了高中階段，對於性別議題的討論就比較不是單純的個人生理或心理探索，而是從社會，甚至世界公民的角度出發，宏觀地去檢視性別與人權、社會正義等議題。

打破性別藩籬的露西亞男孩們[13]

每年十二月的露西亞節是很受瑞典人喜愛的節日，這個融合了基督教傳統與瑞典當地民俗信仰的節日，在被冬季黑暗籠罩的時刻，為瑞典帶來美麗的音樂與光明。十二月十三日這一天，各地都會有露西亞節的慶祝活動，由戴著蠟燭頭冠的美麗露西亞，引領其他身穿白袍的少女少男，搭著馬車上街，然後以美妙的合唱樂音溫暖每個在場者的心靈。每個學校、鄉鎮都會選出自己的露西亞，甚至也有全國的露西亞代表。許多女孩都夢想著有朝一日可以當上露西亞。

露西亞除了要會唱歌，過去人們也總是選出金髮碧眼的「典型」瑞典女

13 延伸閱讀：轉角國際〈男孩扮聖女？瑞典「露西亞節」的傳統性別角力〉https://global.udn.com/global_vision/story/8664/3533198

孩做為露西亞。近年來，因為瑞典族群更多元了，所以露西亞不再總是由金髮碧眼的女孩出任。

甚至因為社會更多元了，露西亞也不再只有女孩能擔任。

二〇一四年，瑞典中部城鎮厄德斯赫（Ödeshög）的一所小學就選出了五年級的男孩里歐出任露西亞。故事是這樣子的，五年級的班級在學完民主課程之後，自主決定當年的露西亞應該抽籤決定，所有想擔任露西亞的人都可以參加抽籤，班上有三個男孩也想當露西亞，所以他們的名字也在籤筒中。當老師告知全班，里歐被抽中時，大家的反應都是很正向的，沒有人認為男孩不該擔任露西亞。雖然有些女孩對於沒有雀屏中選感到失望，但全班同學一致同意里歐就是當年的露西亞，他們尊重這個結果。

誰知道，當孩子們把這個訊息帶回家，卻引起家長強烈反彈。部分家長認為學校不尊重傳統，這個由女孩出任露西亞的傳統，怎麼可以隨意破壞呢？於是批評與抱怨如雪片般飛向老師，更有家長質疑這個抽籤結果是老師刻意策畫，標新立異，試圖引起話題。這些抱怨不只針對老師，也給學校方面帶來很大的壓力，最後連市政府都被捲入。老師面對家長質疑時表示，學校教給孩子民主價值，就是希望大家身體力行。而校方面對家長壓力，也很堅定地站在老師與學生身後，給予支持。在市政府協助下，最後這個事件，在學校邀請厄德斯赫的露西亞隊伍參加五年級生的露西亞慶祝會後落幕。

當記者詢問這三個想當露西亞的五年級男孩，他們對這個引起軒然大波的事件有什麼看法時，里歐的兩個同伴表示，他們感到很驕傲，覺得里歐很勇敢，但他們不懂由男孩擔任露西亞有什麼好大驚小怪的。

跟里歐和他的同學一樣嚮往出任露西亞的男孩們，還有當年只有十歲的菲立克斯。菲立克斯是個愛唱歌的孩子，他就讀的小學早在兩年前就開始讓想當露西亞的男孩也可以參加徵選，只不過前兩年全校都只有一個男孩登記。到了今年，菲立克斯的班上想當露西亞的男孩跟女孩人數相當，競爭可說越發激烈。

菲立克斯透過抽籤出線，他的同學對於這個結果也相當支持，甚至對班上出了學校史上第一個露西亞男孩感到十分驕傲。有趣的是，這個學校的家長反應並沒有像厄德斯赫的案例中如此激烈，菲立克斯的老師表示，家長普遍沒有意見，她得到的唯一反饋也是很正面的。

里歐與菲立克斯穿上露西亞的連身白袍、繫上紅色腰帶、戴著美麗的蠟燭頭冠，帶領其他同學，在眾人面前吟唱美妙的聖露西亞節歌曲，舉起一盞光明，照亮瑞典冬季的黑暗，慶祝傳統性別藩籬在他們和老師、同學們的合作之下，又被打破了一小角。

從土地到餐桌的生產與消費觀念

瑞典人不好民族主義，他們不輕易誇讚自己的國家，在北歐洋特法則（Jantelagen）[14]的長久影響之下，「出類拔萃」讓他們渾身不自在。根據洋特法則，你不該認為自己是特別的，或比其他人優越。若有人提到瑞典有多好多棒，他們多數可能只會笑笑說：「嗯，也許不錯吧，但還有很多可以改進的。」或是，「從別的角度看瑞典可能真的不一樣吧，我們生長於此，總

14 洋特法則是一個歷史悠久的北歐社會的「行為法則」，這個名詞來自於挪威裔丹麥作家阿克賽・山德摩瑟（Aksel Sandemose）一九三三年的小說《難民迷影》，洋特之名來自於作品中位於丹麥的虛擬小鎮。這個法則展現了北歐社會重視集體的精神，但也讓瑞典人有不少反思：若無人應該出類拔萃，那麼社會該如何進步？

瑞典南部的初春，藍天白雲下，油菜花率先長滿一地

是看不太清楚。」

然而，當說到大自然還有肉品、草莓、馬鈴薯等農產品時，瑞典人就不會再如此謙虛了。瑞典人以他們廣大的森林、美麗的湖泊溪流、綿長的海岸線，與無數的迷人島嶼、北方遼闊荒野為榮。而在如此迷人的環境之中生長的農產品，也深受廣大國民的喜愛與信賴。

國產的最好

瑞典自產的農產品種類實在不多，多數食材還是仰賴進口。然而，像是肉品、乳製品、雞蛋、各式穀麥、麵粉、植物油、馬鈴薯和莓果……等日常必須品，當然是國產的最好！逛一趟瑞典超市，應該很難忽略許多食品上的黃藍色小標章，這種用瑞典國旗顏色設計而成的標章讓消費者一看就能認出國產食品。這些有瑞典標章的商品價格通常比其他商品更高，但消費者們一般也認為這些國產貨品質更好，所以願意花錢購買。

若請瑞典人傳授「買菜指南」，指點迷津，他們多會提起某間超市，在瑞典，人人都知道哪一間超市的肉品品質最優良、選擇多，又是瑞典本地出產，要買好吃的肉就一定不能不去造訪。買魚跟新鮮蔬果就要去廣場上的市集找，西海岸直送的魚蝦貝類，價格跟超市出入不大，但新鮮度怎麼能比！市集裡專賣本地農產品的攤販前總是大排長龍，為了買到當地當季的新鮮食材，多花一點錢也值得。如果剛好問到更「內行」的，他們可能還會告訴你要參加哪個社團，直接向在地小農購買，或是哪些公司提供社區支持型農業，或在地農產品的到府遞送服務。

關心生產線上的各個環節

瑞典人一般偏好瑞典自產，除了能減少運輸所造成的環境成本之外，主要的原因，在於他們相信瑞典的法規能保護勞動者與動物權益，以及保證食品安全。舉例來說，因為有嚴格的法規，瑞典畜牧業使用抗生素的比例為全

有藍黃標誌認證的瑞典國產貨。

歐盟最低。

成立於一九八五年的KRAV協會，提供瑞典「自有」永續生產認證標誌章，協會並不直接做認證工作，而是委託第三方——一個由瑞典政府監管的組織進行認證工作。認證申請程序並不複雜，隨時都可以到網站上登記，針對不同的認證對象有不同的規定。若對規章不認同，也可以直接聯絡KRAV進行討論。

對於永續生產，KRAV有比歐盟的有機標章 EU-eko 更加嚴格、全面的規定。在環境的保護之外，社會責任也是認證重點，例如生產者、受雇者的權益維護，還有各種動物福利，從如何照顧到如何宰殺，連生產過程的能源使用都有相關規定。這個標章的特色，不只有更嚴格的規章，KRAV的概念是整個生產消費鏈都應該做到永續，因此除了生產者，像賣店或餐廳的通路也能申請KRAV認證，甚至連漁船和農地、牲口都在認證行列。

當消費者看到綠色的KRAV字樣時就知道，放進菜籃中或放入口中的產品，從生產到進入市場的過程都包含著對環境與社會的責任。目前瑞典市場上有約九千一百件經過KRAV認證的商品。直至二〇一七年，全國有三千七百位獲得KRAV認證的農人，還有七百五十間商店和一千四百間餐廳也在KRAV認證之列。

相應而生的循環經濟

Macken是一個小型社會企業，在做舊物回收修復，新移民語言與創業訓練之外，他們取得KRAV標章，跟政府合作，在韋克舍市中心經營城市農場，做永續種植。位於山丘上的城市農園規模不大，種滿了各式各樣的青菜花草，一旁的小賣店從七月底開始營運，直賣農場出產的有機蔬菜，一直到九月底的收穫祭，產季結束，賣店也會暫時關門大吉，明年再相見。

Macken每年花大約兩千克朗（約八千台幣），進行KRAV認證工作。在賣店工作的女士告訴我，他們對有機肥料的使用很小心，來源都是同樣經過KRAV認證的農場，這些農場的飼料的來源也都需經過認證，每個環節都

永續小丘上的農場與臨時賣店。

要是永續種植，以確保產品最終的品質。

賣店的門上掛著「生態小丘之友」，列了一串在地餐廳、教會、政黨、公司行號的名稱。店員告訴我，這些「朋友」每年支付七千克朗（約兩萬八千台幣），向他們購買六千克朗（約兩萬四千台幣）的有機蔬菜。剩下的一千克朗（約四千台幣）做為支持 Macken 運作專用。朋友清單中包括了一間大型連鎖超市，我以為生態小丘很會打通路，把菜還賣到大型超市去了。女士向我解釋，其實超市不賣小丘的菜，他們利用贊助 Macken 來支持另一個慈善行動。原來，超市將向小丘買來的菜，送到本地教會照顧窮人與無家者的收容所，支持教會提供伙食給需要幫助的人。這七千克朗的小丘之友會費，在這種善的循環中顯得更物超所值！

產在地，吃在地

「地產地銷」與「永續生產」是瑞典消費者非常重視的兩個原則。原因除了瑞典人對於環境保護的意願與意念強大，他們也很在乎產品背後，生產者與生產「媒介」的福祉。瑞典文中相對應於「地產地銷」概念的詞，直翻的話是「近植」或「近產」（närodlat, närproducerat）。在國土遼闊的瑞典，儘管是「近產」的產品，運送距離可能也都比台灣多幾倍。對於「近」，瑞典沒有明確的定義，重點是鼓勵消費者購買鄰近地區生產的產品。

最近在朋友推薦下，加入了一個直接向農民購買的 REKO-ring 社團，就是一個實踐「地產地銷」的消費行動。REKO是「可靠消費」（rejäl konsumtion）的意思，社團宗旨是希望透過食物連接生產者與消費者，販售的產品不限，從羊毛氈到野豬肉；生產者來自四面八方，不一定是有機種植，但多是小農。

REKO-ring 沒有複雜的規章，甚至不是一個正式的組織，只是一個由人們自主組織而成的消費「行動」。這種行動分布於瑞典與芬蘭各處，只要有人發起，在社群網站建立群組，就能開始行動。所謂「行動」也不是太複雜，通常只是一群人在網路上開單下訂，大家約好時間地點面交。我的社團是兩週一次，會出現在小鎮警局後方的停車場，消費者與生產者透過面交農產品短暫交流後又各奔東西，有點像另類的「快閃行動」。

健康環境健康生活

「我們農場的雞從四月到十月都在戶外活動，十月之後有些雞不喜歡待在室內，所以牠們可以自由選擇要在哪裡生活。」REKO社團裡透過永續農法養雞賣雞蛋的小農這樣描述自家的雞。

為了讓消費者認識自己和農場的產品，農人通常會在社團裡放上各式照片，像是雞豬牛羊、花花草草、蜂蜜與蜜蜂、一大片的馬鈴薯田……等等，還有不少人會放上自己和家人或動物和樂融融的照片，讓消費者知道，農產品來自快樂舒適的環境。

動物福利是瑞典消費者很在意的重點。每年初春，瑞典各地農場都會有一個叫做「釋牛」（Kosläpp）的活動，有些農場在當天開放民眾參觀，許多

炎炎夏日在自然保護區裡親水吃草的牛隻。

人會專程到鄉下去觀看這個活動，順便帶孩子到鄉下體驗農村生活。釋牛顧名思義就是把牛放出來，初春天氣轉暖時，農人會讓牛隻回到戶外。在室內待了一整個冬天的牛群，在可以重見天日的這天當然興奮無比，從牛舍裡蹦跳跳地跑到青綠草地上，人們就是專程來看這些開心快樂的牛，十分療癒地在青草地上跳躍，告別寒冬，迎接新生命的開始。

在瑞典人的觀念中，就算是做為生產用途的動物，在「有生之年」也應該過上「好生活」，照顧動物福利可以創造農人、動物與消費者的三贏效果。對農人來說，讓牲畜過得開心，牠們才會健康。牠們健康了，產品品質好，當然就能給農人帶來更好的收入。同樣的，對消費者來說，在利用其他生物的同時應該盡量減少剝削，在糟糕的環境下生長的動物，產出的食品也不會太好。

然而，瑞典當然還是有工業化的農業與養殖業，並非所有動物權益都能被完整照顧到。好在有動物權利保護團體不斷在監督、調查，補強政府所做的不足，而人們也需要更多的食農教育，了解自己盤子裡的食物從何而來。

MAT全瑞典最大的食物集會

了解了這樣的生產與消費觀念，也許就不難理解，為什麼每年九月在小城韋克舍舉辦的食物盛會MAT（瑞典文的「食物」之意）能夠聚集這麼多生產者、消費者、政客、業者、倡議者前來共襄盛舉。這個通常為期四天的大型聚會，活動很多元，最受歡迎的就是在大廣場上舉辦的農民市集，市集裡來自附近區域的小農提供最新鮮的產品，從蔬果、香腸、果醬、麵包到巧克力都有，甚至有瑞典自產的辣椒醬。市集裡還有美食廣場，使用地產地銷的食材製作美味又具有當地特色的餐點。在市集中，消費者與生產者面對面，相互認識，也讓消費者有機會了解食物是如何生產出來的。

除此之外，MAT還有一個「剩食廚房」，由本地超商免費提供即期食品，交由永續廚師協會的專業廚師在戶外現場烹調。來者是客，餐點完全免費，但如果想對環保、永續工作獻一點力，也很歡迎捐獻。今年甚至還請到知名的電視主廚到場大展身手，噱頭十足。剩食廚房的宗旨，在於提醒人們重視食物浪費的議題，也用創意料理展現剩食的魅力。MAT期間的「永續廚師」烹飪大賽，鼓勵廚師們在料理中加進永續環境的元素，做出有遠見的「未來的食物」。

除了吃吃喝喝，MAT活動中很重要的部分，其實是周邊的會議和討論。MAT舉行期間，針對永續生產和消費的主題，會有各種不同的演講、工作坊或參訪，甚至邀請政治人物針對特定議題進行辯論。許多倡議團體或相關企業，也會在此時到會場宣傳他們的理念或最新產品。

在這樣的聚會中，從食物出發，連結從土地到餐桌的各路人馬，不但分享食物，也分享各種知識和想法。食物在此做為各種觀念、各種合作的平台和載體，不再只是放入口中的能量來源而已。健康的議題是環環相扣的，從人、環境、動物到餐桌，每個環節都不可忽略。

剩食廚房現場烹飪的廚師們與美味菜餚。

給舊物另一個機會——世界第一家不賣新品的商場

在瑞典，買賣二手物不是什麼新奇事。

每個大城小鎮，幾乎都有紅十字會或其他慈善機構經營的二手商店，也幾乎都有定期或不定期的跳蚤市場，或舊物交換集會。夏日開車出遊時，經常能在路上看見小型舊物拍賣（loppis）的告示。而瑞典最受歡迎的二手物買賣網站 Blocket，是很多人購物、找房、找車、找工作必逛網站，學生也有網站 Campusbokhandeln 可買賣二手教科書。各式各樣的二手買賣社群網頁也算蓬勃，幾乎人人都擁有過一兩台二手腳踏車。

我居住的小城韋克舍，人口六萬餘，除了城中心的兩間二手商店，城外還有三四間大規模的二手商店，依靠人們捐贈的舊物以及志工的整理、經營，生意興隆。客群大宗除了瑞典當地人以外，還有許多初來乍到的移民與經濟拮据的學生。從學生時期，生活必需品就萬般仰賴著小城中各式的二手買賣，舉凡衣褲鞋帽、鍋碗瓢盆、電器用品、書、單車，幾乎都能在二手市場中獲得滿足。

瑞典中部「埃斯基爾斯蒂納」（Eskilstuna）有一家獨步全球的二手商場ReTuna，吸引了來自世界各地的注目。這讓我特別好奇，在二手買賣蓬勃的瑞典，這個看似無奇的商場究竟有何特異之處？

世界第一座專賣回收商品的商場

在一個週三下午，約莫四點，我在埃城市區搭上七路公車，前往ReTuna。秋末的北境，天色已暗，氣溫三度，往城外開的公車上空蕩蕩，在下班車陣與車燈盞盞中顯得孤獨冷清。

十分鐘後，在城外的公路邊下了車。四處一片黑漆，跟著同車乘客走過沒有畫上白線的斑馬線。在一座看似倉庫的建築上，ReTuna 的招牌標示在黑暗中發著綠光。

ReTuna 開幕於二〇一五年，整個商城的商品的來源都是人們不要的東西。商城後方的那座大型回收物處理場，即是商品「生產線」的第一站。由政府聘僱的輔導就業員工負責這些物品的初步處理，他們首先將人們帶來的回收物收集整理，然後依照商城裡各商店的需求、風格分類，送至各商店的整理區。再由各店家負責人進行下一步的篩選，將無法再修理利用的物品放置到儲藏區旁的區域。這個帶狀區域被這些第一線工作人員們戲稱為「腸道」，商品的篩選模式的確有點類似腸胃消化的過程。

商場裡應有盡有，有專賣衣物的商店、家具店、體育用品店、電器賣店、植栽店、兒童用品專賣店、寵物用品店、生活雜物店，甚至還有一間賣各式工具的店甚至連門窗、洗手台、浴缸、鳥屋都能找到！考量瑞典人對咖啡點心時光（fika）的熱愛，商場裡也有一間咖啡餐館，用的全是有機、當地種植的食材，提供來此購物的人們休息聊天之處。

到公園、廣場逛逛跳蚤市場
或逛二手商店再喝杯咖啡是
許多瑞典人的週末樂趣。

ReTuna是由埃城公營公司EEM經營，除了工具店與咖啡餐館是勞工局的就業支持計畫員工負責營運，其他商店皆透過招商說明而來。店家可零成本得到舊物進而修復販賣，只需支付店租與人事成本。這門看似只賺不賠的生意，其實似乎並非想像般容易。

「妳是觀光客嗎？」體育用品店的老闆看見我背著相機，這樣問道。

「這裡來參觀的人很多，來自世界各地，真正來買東西的人少，大部分人逛逛就會上去喝咖啡，不少當地居民甚至不知道這個地方。」

體育用品店應有盡有，經營者甚至細心地依照不同季節更換產品，但生意似乎難做，他們最近開始嘗試在網路上拍賣，希望招攬更多生意。

二樓的家具店商品十分典雅、精緻，是可以稱為「古董」的貨色，看得出來主人相當有品味。然而週三晚上生意的冷清，在這兩家店裡顯得更冷清！讓人不禁擔心他們是否能夠存續。

好在咖啡餐館的工作人員告訴我，平日超過三點通常就沒什麼客人了，主要的人潮出現在週末。平常商場也會辦各種活動，例如每月一次的週一清

等待「再生」的舊物（圖左）
與「被消化」過準備再次進入
廢棄場的舊物（圖右）。

ReTuna的會議與工作場地，提供有機餐飲，來訪者在工作之餘還能逛商場。

倉大拍賣，不定期的舊衣或玩具交換，或是跟環保與永續相關的講座、工作坊、電影賞析等，都能吸引更多群眾。此外，這裡是當地的社會技職學校「回收．設計」課程的基地，ReTuna 也提供場地讓跟環境相關的會議租借。這樣的多角化經營，吸引不同客群之餘，也體現了 ReTuna 推廣永續生活與生意的努力。

挖掘 ReTuna 的過人之處

老實說，ReTuna 店家所販賣的品項與一般二手商店沒有太大不同，有很多東西其實在二手市場或網站上都能找到。逛完這些店家之後，我不斷追問，「ReTuna 的特色到底在哪？究竟是什麼能夠吸引像我這樣的顧客多花時間和精力到城外的商場購物？」

確實，若是單看品項，ReTuna 恐怕沒有什麼特別突出之處，而商場本身走平民路線，不像官網宣傳照如此美麗高端，抱著「朝聖」心態前來，恐怕會大失所望。然而，在我踏進的第一間店裡，一般二手商店常見的移民店員正在忙進忙出，店裡的陳設十分俐落，極具設計感，衣物、家具、生活用品以一種很時尚的排列組合被呈現，空氣中也沒有二手商店難以避免的陳舊氣味。如果不細看，完全不會發現商品都是回收的舊物。

牆上貼著商店經營理念的小海報上寫著「從埃城人至埃城人」、「新生」、「由你僱工」，透過在地回收、在地消費，在地人能夠得到工作機會，舊物被賦予新生命，你的消費可以創造更多工作機會。店裡還有一個小角落，商品旁放著「謝謝！」的標語，感謝客人的消費對環境永續的貢獻。

ReTuna 商場中各個店家的貨色齊全，少了一般二手店的「碰運氣」感，讓人感覺只要想買二手物，來 ReTuna 不太會碰壁。

樓上什麼都賣的小店的老闆娘，就像社區街角雜貨店那位永遠都會給小孩糖吃的嬸嬸一樣，笑容滿面，親切好客。她跟妹妹一起經營這間店舖不到一年的時間，從監獄管理的工作退役之後，在 ReTuna 她不但找到職涯歸宿，也在工作中獲得許多美好。

我的傻瓜相機把官網宣傳照
裡美麗高貴的 ReTuna 拍成
村姑了。

看得出來這些都是經過整理的回收舊物嗎？

「我們什麼都不丟啊，能修能整理就盡量做，這個理念很棒，我們的工作量很大，但是做得很快樂。」

她的熱忱消弭了一些我對「腸道」的分類系統的疑慮，就怕店家為了生意考量，丟棄難賣的商品。而抱持著同樣「惜物愛物」理念而來的店主們，就是這個機制的重要把關者。

咖啡店裡的女孩一聽到我為了寫作而來，熱情地要幫我聯絡主管，還帶著我到處參觀，跟她的同事們聊天，「我非常喜歡這個工作、喜歡這個理念，我們的工作是給舊物另一個機會。我是政府就業支持計畫的員工，這個計畫協助找工作有困難的人，一次簽約兩年。有了這個工作經驗，往後就更容易進入職場。」

這個商場不僅給舊物另一個機會，也給人們另一個機會。

ReTuna 的經營理念，是希望將「回收再利用、環境永續」的理念落實到生意經營，建立一套有效的商業模式，減少浪費、創造工作機會、循環經濟，藉由瑞典人對環境永續的支持與實踐，ReTuna 將二手買賣提升到另一個層次。

離開 ReTuna，我在寒夜中等了二十分鐘才搭上回程的公車，同車的只有一個剛在旁邊的健身中心運動完準備回家的年輕人。偏僻的地段與不算頻繁的公共運輸，讓我對 ReTuna 的營運還是心驚驚。在地知名度有限，名聲卻享譽國際的 ReTuna，隔天又有一團德國記者造訪。

回到家，我上網查看各店家的社群網站，了解網路營運的狀況，驚訝地發現，冷清的家具店原來擁有許多識貨的客人，精美雅緻的家具不缺伯樂！

或許 ReTuna 的商業模式，在瑞典這樣的環境終能成長茁壯。

我相信許多客人是因為這樣的微笑與溫暖應對，而來到ReTuna。

置身女性主義國度中的瑞典男人

許多男人對於女性主義、女性主義者相當感冒，認為這些人就是要來汙衊、打壓男性的。「女強人」更是讓男人退避三舍，獨立的女性讓男人覺得自己毫無用武之地。在瑞典這樣一個「女性主義治國」的國家，強調性別平等的社會中，男人到底過著怎麼樣的生活？他們是否在女人與女性主義的壓迫之下，過著悲情、苦命的生活呢？

十幾年前，台灣女書文化翻譯出版了一本書名為《瑞典查甫人：八個瑞典男人談平等、男性氣質與親情》（*Men on men: eight Swedish men's personal views on equality, masculinity and parenthood*）。這本書的由來很有趣，當時瑞典的平等事務部部長兼代理總理莫娜・沙林（Mona Sahlin）

提議，召集了八位在不同領域有所成就與貢獻的男性，撰寫有關生而為男的「心得」。瑞典政府將這本書做為禮物，獻給一九九五年在北京召開的第四屆世界婦女大會（World Conference on Women）。

在世界婦女大會獻上一本全男性撰寫、討論男性的書，用意何在？瑞典政府獻上這本書的宗旨不在於鬧場或踢館，也不是為男性伸張不平之屈，而是為了提醒參與者，在這個以女性為主題的討論大會，別忘了社會中的另一半人口在這些討論裡也扮演了重要的角色，男性的狀況是婦女大會不可忽略的。

瑞典人在討論公共事務時，常把一句話掛在口上：Alla ska må bra，意思是「人人都要好」。這句話說來雖然簡單，卻意義深遠。在處理公共事務時，必須考慮每個人的需求、不同的情況和限制，而不是以單一群體的利益為出發去思考、處理公共事務。從這個角度出發，在婦女大會時提出男性的觀點，也不那麼奇怪了。

自立自強的女人造就向外發展的男人？

瑞典女人的「自立自強」似乎不是什麼祕密，瑞典人甚至為女性自慰這個動作發明了一個新動詞[15]。教宗方濟各在二〇一六年造訪瑞典時，曾這樣說道：「我聽說瑞典女人很強、很厲害，所以瑞典男人才要去找外國女人。我不知道是不是真的……」這樣的偏見在當時引起社會一陣譁然，但在性別議題上引領世界的瑞典，似乎也對外國人這樣的偏見見怪不怪了。

教宗雖然失言，倒也點出了一個瑞典跟台灣很類似的「外配」現象。瑞典外配最大族群是泰國婦女，她們多來自泰北最貧窮的東北部伊森地區，透過婚姻關係定居瑞典。泰國是瑞典人熱愛的旅遊地點，在溫暖熱情的泰國定

15 二〇一四年瑞典性教育協會（RFSU）在會員大會中提議，應該為女性自慰創造一個新動詞。經過公開徵求建議後，由大眾選出以「陰蒂」（klitoris）為字源的 klittra。協會表示創造這個新辭具有解放女性情慾的意義。

居、找個溫柔美麗、顧家又會做飯的泰國女人共度終生，是不少瑞典男人的夢想。而許多希望尋求穩定、安全生活的泰國女人，也想找個有固定收入、可靠的西方人，帶給自己和家人更好的生活。瑞典有許多專門提供這樣需求的交友網站，網路上也有許多「攻略」，教導瑞典男人如何得到泰國女人的芳心。

雙方可謂各取所需，若能找到合適的對象相伴，白頭偕老，固然是美事一樁，然而，這樣跨文化、權力不對等的關係有時也會帶來不少社會問題。例如，瑞典男人覺得自己被騙財騙感情，泰國女人懷抱著過上好日子的美夢來到瑞典才發現成了「現代奴隸」，甚至被暴力對待或被迫賣淫。瑞泰兩地因為父母感情生變而成單親或失親的孩子，或跟著母親改嫁而來到瑞典卻適應不良的青少年等。

用「因為女人太強，所以男人向外發展」這個說法，去總括解釋較低度開發國家女性婚姻流移至開發度較高國家的現象，或許太過狹隘。在資本主義全球化的脈絡下，更深入地去了解就會發現，向較低度發展國家去尋求情感依託、滿足欲求的情形，不只發生在男人身上。瑞典女人對害羞、拘謹的瑞典男人多有微詞，不少女性偏好外國男性的熱情、主動，到非洲或加勒比海國家尋找活力充沛的年輕男子作伴，跟泰國的案例一樣，這種存在著巨大權力不平的關係，也給當地帶來不少問題。

男人也是需要被追求的——兩性平等的約會文化

在兩性相處上，多數瑞典男人生性害羞。良好的性別教育教導他們如何尊重他人，這樣的特質，讓他們反而被貼上「不解風情」、「被動」、「冷淡」等標籤。許多在瑞典的外國女性抱怨連連，到底要怎樣才能讓瑞典男人主動追求我呢？網路上一篇又一篇的「瑞典男攻略」似乎都無法解決外國女人們的疑惑。

一位外國女子於是寫信到《瑞典晚報》專欄，詢問這些有禮又帥氣的瑞典男士們到底為什麼這麼不會搭訕？她在信中描述到要跟瑞典男士認識有多困難，他們面對女性時如何的消極，如何的不會調情。「外出喝酒時光站著『扶』酒吧，好像不這麼做吧台會倒一樣。當他們終於有勇氣靠近妳時，通常已經太醉無法正常社交了……」但，「我們女人可不想自己送上門。」她詢問，難道是我太古板？那到底要怎麼樣才能讓「膽小」的瑞典男人踏出第一步，跟我要電話、約我出去呢？她自認有點傳統，但要怎樣才能在瑞典找到一個「讓我覺得自己像個真女人的『真男人』呢」？

回覆她來信的編輯「單身男」不但不吃這套，不「檢討」瑞典男人為什麼這麼被動，約不到女孩子，這麼不像「真男人」，反而給這女子上了一堂性別教育課。單身男首先大方承認瑞典男子跟其他國家的男人比起來，的確像她所說那麼害羞、被動、小心翼翼，沒有酒精壯膽沒辦法搭訕。然而，她的觀念確實十分古板過時，為什麼在這麼一個男人與女人都鼓吹性平，也渴望告別傳統性別角色的現代社會中，約會與戀愛市場還得如此運作？單身男繼續追問：「為什麼我們男人必須跨出第一步？為什麼要鼓起勇氣上前搭訕的總是男人？除此之外女士們還期待我們想話題、講話有趣、請喝酒、要電話。」說到這裡，不知道是否說出了許多男士的心聲呢？單身男在專欄中呼籲想認識瑞典男士的女士們也勇敢踏出第一步，很多瑞典男士就像女士們一樣，期待對方來追求，別害怕，「最多就跟我們男人一樣，有時候會被拒絕而已，沒事！」

在性別平等的瑞典社會，男人可以大膽做自己，不需要迎合他人想法，做個「真正」的男人。他們可以依照自己的意願穿著打扮，若是想擁抱自己的陰柔氣質，便可大方放下陽剛的一面，不需透過逞凶鬥狠來證明自己。可以當個快樂的奶爸或家庭主夫，享受幸福的家庭生活。他們也能輕鬆自然的面對自己的父親、兄弟、兒子，並且表達關愛。他們毋須背負約會成敗。社會不期待他們獨力扛起全家經濟。他們可以誠實擁抱內心那個永遠長不大的孩子，甚至去面對或討論自己內在的暴力因子。

從小建立新的男性特質——男孩們的「更衣室談話」

珊亞（Shanga Aziz）和羅傑立（Rogerio Silva）是兩個來自瑞典南部工業小鎮芬斯朋（Finspång）的大男孩，兩人都是體育健將，他們看見身旁的男性友人對待同性或異性的態度，像是用汙辱女性的字眼當口頭禪，把「同性戀」當髒話互罵，把女孩子當戰獵品炫耀……等等，這些種種在運動員中很常見、被認為很有男子氣慨的言談和聯想，威脅著整體社會的安全。怎麼說呢？他們認為，男性為了滿足這樣的男子氣慨，往往不敢真實表達自己的情感，造成憂鬱、抑鬱，從瑞典自殺人口中有七成是男性中可以看出，男性的心理衛生需要更多重視。他們也發現，性犯罪的罪犯大多是男性，這種從小就強調陽剛氣概，貶低其他性別的態度，是很危險的。

為了更了解這個議題，他們在進行活動之前，特地和一百多位女性接觸，了解她們對男性與性暴力的觀點。他們得到了一個結論：當男性成群結隊時，較容易出現逾矩行為，於是他們決定從他們很熟悉的、極強調陽剛氣質的運動社團上著手改變。

自二〇一六年起，這兩個才十七八歲的大男孩，在芬斯朋當地的各個體育俱樂部進行一個叫「更衣室談話」（Locker Room Talk）的活動。他們鎖定十到十四歲的男孩，在他們進行運動訓練前，到更衣室內跟他們做十五分鐘的對話。對話內容包括討論各種生活中可能遇見的性別議題，例如：男孩子可不可以哭？為什麼罵人「同性戀」？為什麼用貶低的字詞形容女孩子？他們不只跟男孩們對話，也跟著他們踢球、打球、訓練，透過相處，試圖把性別平等的觀念帶給他們。這個活動為期八週，雖然時間不長，但珊亞和羅傑立希望，至少可以在這些思想尚未定型的男孩心中種下一個性平種子。

他們的發想和行動不斷成長、發酵，從學校的創業課程作品，到獲獎、成立非營利組織，還有瑞典知名足球明星以身作則、出任代言人，更得到知名品牌支持。「更衣室談話」也從小小的地方行動，蛻變成一個全國性，甚至跨國的行動，受到體育社團和學校的廣泛支持。

這樣由兩個男孩開始重新定義「男子氣概」的行動，十足展現了瑞典式女性主義的精神。無論從哪個性別觀點出發，性別平等與互相尊重，從來就不是一個只關注單一性別的議題。重視性別平等，並不是為了抬高社會中的單一性別群體或是打壓特定的性別，而是希望透過這樣的討論和改變，讓人人都可以不因性別受歧視，過上好生活，Alla ska må bra，如此而已。

第3部

建立友善的社會

人人享有的自然近用權在瑞典環境法與相關法案的制定與修正上扮演重要角色，確保世世代代都能享受健全的自然環境。

性平大國的崎嶇性平路

某次拜訪在馬爾默（Malmö）有名的聖彼得教堂（Sankt Petri kyrka）時，發現教堂一隅有個小展覽，展示著一些炭筆與簡單色彩描繪，有點模糊的圖片。近看才發現，一張張都畫著性愛場面。這個名為「吻」（Kyss）的展覽，是藝術家肯特・威斯提（Kent Wisti）和瑪麗亞・曲辰（Maria Küchen）從舊約聖經中描寫愛情的雅歌出發，討論宗教、性、政治的行動。

展覽雖然規模不大，討論的題目卻很大。透過展覽，兩位藝術家想討論的，是歷史上教會如何透過制度化的信仰和權力結構，對「性」進行控制，又透過性道德主義，獨尊異性戀、一夫一妻制，進一步鞏固教會權力。雖然瑞典教會一向給人開放、進步的印象，但在教堂裡見到如此「大膽」、露

在教堂一角的展覽。

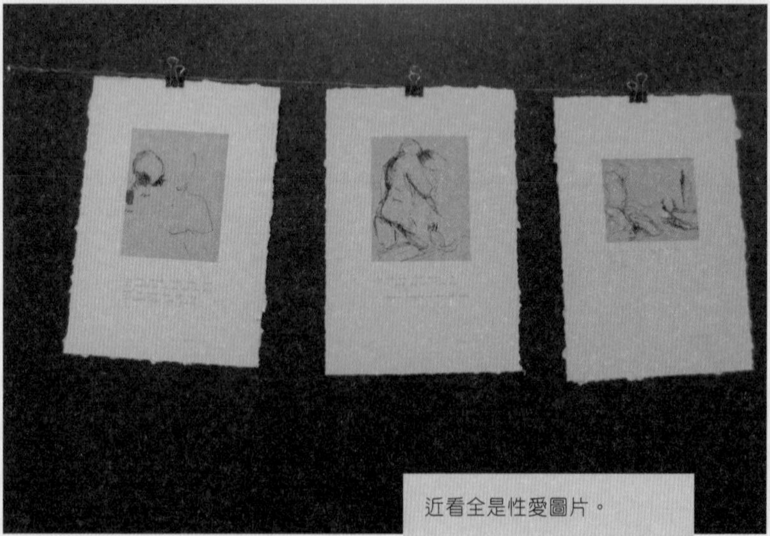

近看全是性愛圖片。

驕傲週期間韋克舍大教堂前升起了彩虹旗，支持性別平等。

骨，直接挑戰教會權威的展覽，還是不免有點吃驚。

以「愛」為本、與時俱進的瑞典教會

近代的瑞典教會擺脫傳統，不再用信仰操控性、左右社會，反而努力從事「愛」的實踐。一九五〇年代，時教會內部開始針對「性」進行討論，雖然當時仍視同性戀為不正常，需要用牢獄之外的方式「治療」，但此時教會也開始走向人群，了解社會發展與需求，內部慢慢產生質變，對於聖經的詮釋與時俱進，教會邁向性別平等的腳步已經停不下來了。一九五八年起，女性可擔任牧師，出任教會裡所有職務。七〇年代，教會內部開始對同性戀進行了解與討論。一九七四年出版的《同性戀者與教會》（*De homosexuella och kyrkan*）中，傳遞了一個教會對同性戀者態度轉變很關鍵的訊息，「同性戀並不是一種自由選擇，而是和異性戀一樣，是深植於人性中的情感關係。」一書中也提到，穩定且長久的情感關係，對於每個人來說都是同等重要的，因此教會應該對於利基於愛與信任之上的同性情感關係採取正向的態度。

現在的瑞典教會，是個歡迎同志在教堂成婚，在大型音樂節會去遞水、發放保險套，彩虹驕傲週時舉辦各種性平講座、在教堂外高掛彩虹旗，並且參加驕傲大遊行的宗教組織。教會明文規定，神職人員不得因信徒的性別認同而對其進行「治療」或對其歧視，更設有LGBTQ[16]支持小組，各種性向的人都能不受歧視的加入教會。瑞典教會也參與了一個名為彩虹之鑰（Regnbågsnyckeln）的計畫，在非營利組織「LGBTQ基督徒普世小組」EKHO（Ekumeniska gruppernа för kristna hbtq-personer）的協助下，各方面加強LGBTQ者在參與教會活動時的安全感，以及各種聚會的包容性。

16 LGBTQ是英文的Lesbian, gay, bisexual, transgender, queer的縮寫，一般用來代稱各種非異性戀的性別認同族群。

充滿各種衝撞與血淚故事的同志運動

瑞典知名作家喬納斯・嘉德爾（Jonas Gardell）是瑞典同志圈中很重要的人物，他不斷以書寫、喜劇表演、戲劇、廣播節目等方式「提醒」社會討論同志議題，自己也長期參與同志運動，在一九七〇年代同性戀除病化的抗爭中更是親上第一線。如同他的小說《永不拭淚》（*Torka aldrig tårar utan handskar*）中所描述，瑞典社會對於多元性別並不一直都如此開放，同志運動充滿各種衝撞與血淚故事。

一直到一九四四年為止，同性戀都是違法的。在法律廢除之後，卻還有未滿十八歲不得有同性戀行為的規定，也頒布了另一條法令，規定政府可以視情形將「具有危險性」的同性戀者去勢。在瑞典，同性戀在一九七九年之前都被視為一種精神疾病，抗爭運動成功將同性戀除病化後，隨即而來的愛滋病大爆發卻又讓男同志陷入各種危險。因為對愛滋病的不了解，這種當時無藥可醫也不清楚傳染途徑的病，被社會大眾稱為「基佬黑死病」（bögpest），有些人甚至認為這是同性戀者、毒蟲、娼妓等「不道德人士」的天譴。醫療機構有意無意的延誤治療，政府的曖昧態度與遲緩應對，讓很多人深陷恐懼，或不幸染病，甚至喪命。

二〇一二年瑞典電視台將《永不拭淚》改編成電視劇，重現一九八〇年代愛滋病爆發時的瑞典。開播後，再度引起愛滋病患者權益的相關討論。包括「瑞典ＬＧＢＴＱ聯盟」（ＲＦＳＬ）與「ＨＩＶ瑞典」、「瑞典性教育協會」（ＲＦＳＵ）等性別團體投書媒體，要求社會正視愛滋病汙名化與ＨＩＶ患者因為性交而被判重刑的問題。他們主張，現代醫療發達，愛滋病不再是絕症，人們對於愛滋病的傳染途徑也已經有充分了解。然而，媒體對於ＨＩＶ患者的報導方式，也讓社會大眾對這個疾病與病患產生懼怕以及誤會。在瑞典因為性行為而被判重刑的ＨＩＶ患者，是世界數一數二多，就算他們沒有傳染愛滋病給性伴侶，也可能出於法院對愛滋病的不了解，被判「蓄意傳染」入獄服刑，這樣的結果會讓更多ＨＩＶ患者躲在黑暗中，可能造成極大社會成本。他們也發現，對愛滋病持續的汙名化、恐懼，也會讓愛滋高風險的移民或社會底層族群處境更加惡劣。目前為止，性別團體還在努力，希望未傳染愛滋病給他人的HIV患者可以享受基本人權，不受判刑。

在多元性別認同方面，瑞典雖然在一九七二年就立法允許性別更變，但要改性別的人，必須先進行絕育才能變更性別，這條規定一直到二〇一三年才被取消。可是，同性戀者的處境也並非在除罪化或除病化之後就平步青雲。同性伴侶的法律關係，到一九九五年通過同性伴侶法後才終於能確立，二〇〇九年性別中立婚姻法的出現，所有想結婚的人才有機會成婚。

同志仍須努力

對於部分人來說，教會的開放、法律的進步、社會的接受度增加，都還不足以讓他們能安全、自信地公開自己的性別認同。對於來自傳統家庭的人或來自伊斯蘭世界的移民來說，就更是困難了。社會上有部分人仍然不認同多元性別，也有些人對性別議題仍不夠敏感，因此有人還是由於性別認同問題而與家人失去聯繫。運氣好的人也許搬到大城市自在過生活，資源較缺乏的人，也許就得藏好自己的性別認同，辛苦過一生。

雖然反性別認同歧視法在二〇一一年通過，但根據二〇一三年歐盟基本權利署的調查，瑞典的LGBTQ族群中，仍有百分之三十五的人，感受他們曾在過去十二個月中因性別認同而遭受歧視或騷擾。

這也可能是為什麼每年瑞典各城鎮還在孜孜不倦的舉辦彩虹驕傲週活動，希望透過各種活動，增進社會大眾對各種性別議題的認識與理解，讓人們對性別平等的社會表達支持。不論性別認同為何，人人都是平等的。也算是給大眾一個提醒：這些平等得來不易，需要整個社會一起維護、支持。

在追求性平的路上，瑞典絕對還未走到終點。

每年彩虹驕傲週，整個城市動起來，商家用各種創意方式響應。

就是今天了！拉米與弟弟盼望已久的這天終於到來，他們與幾個表親和朋友，一同跟著人口販子來到港口，準備搭乘橡皮艇從土耳其出發，乘風破浪登陸希臘，進入歐洲大陸。他們的目的地是瑞典，大哥在那裡等著兄弟團聚。離開敘利亞暫居埃及，再從土耳其經由水路到希臘，一路步行至瑞典的經歷，是拉米每次到學校跟新移民學生們做活動的時候，一定會聊到的話題。拉米也總是會趁機以自己申請庇護、學習語言、進入職場的經驗，勉勵這些年輕學子。

「『學好瑞典語很重要。』我一見到我哥，他就這樣跟我說，所以我馬上開始自主學習。我利用了很多社會上免費的資源，去參加語言咖啡吧

（Språk café）、閱讀協助小組（läxhjälp），或去非營利組織當志工，主動跟當地人交流、直接跟他們學。」

拉米沒有等到獲准居留之後才學語言、展開新生活，他的新生活幾乎是一踏進瑞典就開始了。他積極主動的個性，讓他在短短三年間不但瑞典文聽、說、讀、寫都非常流暢，還有了穩定的工作及自己的公寓，考了駕照，甚至買了車。

拉米並非特例，許多以難民身分進入瑞典的新移民，也都很迅速的透過工作、學習融入了瑞典社會，找到在新家鄉的生活節奏，並且在各自的領域有不錯的表現。

從申請庇護到結果出爐

難民進入瑞典後，可以向移民局申請庇護，移民局會安排住所與提供生活所需。難民若有親友可提供住所，則不需要住進移民局安排的安置中心。

針對LGBTQ族群，瑞典政府也會有特別的安置。難民提出申請後，移民局會安排團體介紹，讓他們了解該如何展開庇護申請程序，以及等待期間有哪些注意事項與權利義務。再來會有個別面談，使移民官藉此了解難民的個別情況，以及評估其是否需要庇護。

在提出申請到結果出爐之間，可能需要花上一兩年，在這個期間，二十歲以下的難民會被安排到安置地的學校就讀，讀的是「語言介紹」學程（språkintro 或 introduktionsprogram），這個學程專門開給非瑞典語母語的學生，包括難民還有跟家人移居瑞典的外國學生。若學習表現良好，則可直接轉入一般學程並取得學歷。二十歲以上的成人，則要等到拿到人口登記號碼之後，才能進入成人教育系統免費學習瑞典語。若想從事如教師、醫護人員等專業工作或進入大學就讀，則必須先完成瑞典語課程，並且繼續攻讀專業科目，取得執業資格。

有很多人在這個階段也像拉米一樣，利用免費的民間資源學習瑞典文。等待的時間漫長，有些人只能苦等，但部分難民也可以申請工作許可，進入職場工作。

這些利用等待時間就讀或就職的難民們，盡力地自給自足、創造新生活，如果順利獲准留下，這些努力終會開花結果。不過若庇護資格未獲准，則會遇到尷尬的情況：書讀到一半，工作上手後，生活幾乎上了軌道時，卻必須離開瑞典。學生幸運一點，為了讓他們能安心求學，不因可能受遣返而放棄受教權中斷學業，許多教師、學生、民間團體向政府請命，促使通過「高中法」（gymnasielagen），讓在高中或同等程度機構就學的難民可以申請延長居留，完成學業再擔心日後的出路。其他的難民在這時候有三條路可走，一是提出上訴，讓移民局重審，繼續漫長等待。二是依照規定進入遣返程序回到本國，前途未卜。三是進入「地下社會」，開始「黑生活」或偷渡到其他國家，找尋其他機會。

安置程序中的漏洞

由於二〇一五年歡迎難民的決策來得突然，在缺少事前計畫與安排的情形下，一下湧進瑞典的難民人數眾多，政府還沒有很完善的設施可以安置這些人。剛開始有一段時間，甚至需要搭建臨時帳棚讓難民安身。二〇一六年開始邊境管制後，來到瑞典的難民人數漸趨和緩，但許多地方政府為了省錢，或實在無法短時間內「生」出足夠的住處來安置難民，轉而租用閒置旅館旅社，改造廢棄學校，甚至租用郊外遊樂園區[17]或偏遠的夏日度假屋，難民住房的型態可說是五花八門。這些住房雖然有創意，並提供了臨時的解決方法，長遠看來，這樣將難民全部集中在一地，遠離社會的安排，經常讓初來

17 例如位於斯莫蘭的美國西部主題樂園 High Chaparall 就曾作為難民住所並提供難民在園區演出的工作機會，這些故事甚至還被拍成同名短片，由大衛・佛列德（David Freid）執導。

乍到的新移民錯失與本地居民互動、交流的良機。

而可用來安排難民入住的公共住宅，也常在市郊的便宜地段，是社經地位較弱勢居民與移民聚集的住宅區。社區裡犯罪情形普遍，讓想安身立命的難民不但無法住得安全，更要背負整個社會對此類社區的偏見，甚至被貼上犯罪者、麻煩製造者的汙名。

去年暑假，我認識了幾位隻身逃難到瑞典的阿富汗青少年[18]，他們都已經進入學校求學，跟其他隻身來到瑞典的青年同住在政府安排的住宅裡。他們的瑞典語還不是很好，但仍在全瑞典語的打工環境中努力求解與學習。我問他們暑假有什麼安排，他們打趣說只想睡覺，也可能踢踢足球，其他沒有想過。我又問他們難道不跟同學玩嗎？他們不好意思的說，因為住宿地在另一個城鎮，往來不是很方便，所以放學後多數就直接回家，放假也不會特地搭

18 來到瑞典的難民中包括許多沒有家人同行、隻身的未成年者（ensamkommande barn och unga），他們大多是來自阿富汗的未成年男孩。

語言咖啡吧進行的現場。

車進城來，在宿舍跟同鄉的朋友踢球打發時間，就是他們的主要娛樂。少年們的回應，乍聽之下就像每個青少年可能會說的話，但細想後又會發現，這樣的住房安置，的確多少阻礙了他們的社交生活，也侷限了他們的生活圈。除非自己非常積極主動打破這種限制，否則這樣封閉的社交生活，對青年們未來的發展恐怕不利。

民間自發的「補破網」行動

好在民間團體與個人發起的各種行動，多少能夠幫助這些落在社交網漏洞外的人進入網中。

前面提過的語言咖啡吧是很普遍的活動，幾乎每個城鎮都能找到大大小小，由從圖書館到教會等各種團體主辦的免費語言咖啡吧。這些團體邀請本地人擔任語言志工，每週定期用 fika 的形式，跟想學習瑞典語的新移民朋友一起學習瑞典語，話題與形式不拘，有時候除了瑞典語還能練習其他語言，交流彼此的文化。在這種輕鬆聊天的語言咖啡吧中，大大增加了新移民認識新朋友與學習語言的機會。

紅十字會與一些非營利組織還有一個稱作「導師」（mentor）的計畫，邀請想結識新移民（以難民為主）的本地人，擔任新移民者的朋友與社會、文化「指南針」，用輕鬆交朋友的方式帶領新移民進入社會，增加與本地人接觸的機會。有經驗的導師有時還會更進一步，接納隻身前來瑞典的年輕難民住進他們的家庭，讓青年們在能獨立之前有個臨時的家，好對瑞典更有歸屬感，對未來就算徬徨也有所依靠。只是，對於害羞怕生的瑞典人來說，要跟外人接觸已經夠挑戰了，還要打開家門迎接這些人，對很多人而言根本是不可能的任務，所以紅十字會等團體找志工時常充滿挑戰。

來到瑞典的難民中大多是穆斯林。非營利團體發現，在各種促進社會融合的活動中，出現的通常是男性，女性穆斯林參與社會或社交活動的比例不高。原因可能是宗教信仰不允許女性與男性同場交流，也有可能是她們大部分必須負擔家務、照顧家人，甚至可能家人不放心年輕女性單獨到充滿異性的場合，也有年輕女性認為，隻身到這種都是男人的場合讓人渾身不自在。不管原因為何，許多針對女性所設計的活動陸續出現，鼓勵新移民婦女走出家戶，認識新朋友與外界交流，甚至學習新技能。這些活動除了學習語言，還包括學習騎單車、游泳、一起烹飪共食、跳舞、踢足球等，還有新手媽媽推車散步團，彼此交流照顧新生兒與生產經驗，也順便運動、練習語言，一舉數得。

然而，這樣「單一性別」活動，在提倡性別平等的瑞典是前所未見的，一開始引起社會大眾的激烈討論。許多人認為，將男女區隔開來的活動不符合瑞典精神，難民們必須學習更健康的兩性相處方式。支持者則認為，如果沒有這樣折衷的辦理女性專屬的活動，則會造成更多女性無法走出家門，進入社會開展她們的視野與擴大生活圈，變得更封閉。這樣的活動目前確實吸引了許多女性參與，但在未來要如何突破性別的隔閡，要如何讓新移民也接受並實踐瑞典的性別觀念，則是社會各界必須繼續思考與努力的。

並非人人都是積極主動的創業家

除了以上所述的活動，瑞典各地還有各種各樣的活動與工具，包括各種線上學習瑞典語和瑞典文化的網站、有聲書，各種「簡單瑞典文」的書籍、新聞與廣播節目，創業輔導、申請庇護或上訴的法律協助，討論如何在文化差異如此巨大的社會教養下一代的父母支持團體，看電影學語言、創意文學、寫詩創作發表心聲……等藝文活動。一切資源免費提供，只要你肯主動出擊，幾乎沒有什麼找不到的資源，也沒有理由繼續留在漏洞裡。

不過，一種米養百樣人，不是每個人都和拉米及他的大哥一樣這麼積極進取。隨著瑞典社會輿論右傾，大眾認為每個難民都應該自動自發融入社會，積極自主像個實業家一般，把握機會、創造自己的未來。但同時人們卻也忽略了難民就像你我，個性與背景和經歷各不相同，為什麼積極外向該鼓勵，害羞消極就該受批判呢？是不是不主動、不積極的難民就比較差勁，沒有受幫助的價值呢？人道主義有普遍性嗎？還是應該有選擇性地幫助「有用的人」呢？這不只是瑞典未來制定移民政策時必須思考與討論的問題，也是你我可以好好想想的議題。

毛孩子的幸福生活

打從開始實習以來，每個週三早晨就是我最期待的時刻。

我實習的地方 Nätverket SIP 很有意思，是個由四個做不同類型社會工作的組織所組成的傘狀組織。我的單位專門做歐盟國際青年交換，協助青年築夢工作。其他還有專做身心障礙人士發展工作、動物關懷工作的組織。每個週三上午十點，是單位表定的「散步時間」，全體人員跟著做動物關懷工作的組織一起去遛狗。

組織之所以鼓勵大家做這件事，是希望在不同單位工作的人，可以透過這樣的活動互相認識、交流。我則是在第一次遛狗之後，跟一隻名叫「席拉」的害羞狗狗一對一的散步，席拉雖然害羞，卻也展露出狗狗親人的一

冰天雪地也要出門活動筋骨！

面，在短時間內跟我建立起奇特的連結，讓我深深感到與動物交流的「療癒感」，從此愛上這個活動，也開始認識瑞典的毛孩文化。

毛孩子的日托照顧

關懷動物組織設有狗狗日托中心，從早上七點到下午五點半，像托兒所一樣照顧父母去上班的毛孩子們。瑞典法規規定，在白天的時候，至少每六個小時就要讓狗出外活動一次，幼犬或老犬則需要更頻繁的在戶外活動。很多飼主會趁午休時間回家遛狗，抽不出空的人，就會找狗狗日托或是雇人幫忙遛狗。狗狗日托（hunddagis）在瑞典很普遍，就像孩子一樣，來自不同家庭的狗狗來到同一個環境，一起遊戲，學習相處，認識不同的狗狗與不同的看照人員，讓原本就是群體動物的狗狗可以藉此有更多社會化的機會。

瑞典的狗狗日托相當強調「健康」環境，有合格又有經驗的工作人員是必備條件，此外例如「大自然環繞」、「明亮寬敞」、「無負擔無壓力的環境」，甚至「舒適的睡覺空間」，都是頗受飼主看重的條件。

每隻來到日托中心的狗狗，都有牠們專屬的置物空間，架上寫著名字，甚至貼上照片，置物架上掛著牠們的私人物品：項圈、保暖背心、狗鍊等。組織的日托中心是開放式的「狗園」（hundgård），設有遊戲區、休息區、社交區，狗狗們可以在中心內自由行動，不用待在籠子裡。瑞典政府對於不同尺寸的狗所需的空間都有相關規定，因此中心能夠容納的狗狗有限，想「入學」的家庭，得抓緊時間提早申請，以免向隅。

中心依照狗狗的性格、身心狀況和飼主的要求照顧狗狗。每天兩次的戶外活動時間，是狗狗最期待的時刻。我們沿著森林邊緣的散步路線，狗狗記得比誰都清楚。散步結束，照顧者們會記錄狗狗的便溺情形，以便了解毛孩的狀況。

一起上課互相學習

在瑞典，大部分的飼主會跟毛孩一起去上課，幼犬從六個月大開始就有專門的訓練課程。許多人去上課的原因，除了讓狗狗盡早社會化，學習如何跟其他的狗和睦相處，很多課程強調的是「人的學習」。上這些課只是加強狗狗的社交性，但飼主若能上課，則能更了解狗的習性和性格，知道如何跟狗相處、溝通，創造彼此之間更好的互動關係。

就像孩子一樣，瑞典人很擔心毛孩不夠社會化，走在路上會不受控的對其他人、狗或一切動靜亂吼亂叫，或者是對外人做出撲、跳的不合宜舉動，甚至傷害其他的人或狗。一旦狗出現破壞或傷人的情形，飼主必須負全責賠償，嚴重的話，狗還有可能被判安樂死。因此，跟毛孩一起去上課，一起學習是最聰明的做法。多數飼主也會為毛孩買傷害險，以防萬一。

有限制的自由

在瑞典大部分的公共空間，飼主都必須將狗鍊好，一方面擔心毛孩影響他人或亂跑被車撞，「尊重怕狗的人」也是一個很重要的原因。畢竟毛孩雖然可愛，但未必人人都這麼想。大部分的時候，毛孩是不可以自由遊蕩的，就算在森林裡也一樣。尤其在國家公園或自然保護區，三月到八月之間野生動物交配繁殖的季節，更是不能讓毛孩在野外不受控制的活動，以免破壞自然生態。

每個飼主當然都希望狗兒能夠自由自在奔跑、玩耍，瑞典政府自然也沒有忽略毛孩的這個需求。在瑞典大部分的城鎮，都幫狗狗設置了「自由玩耍區」，在湖邊甚至會有「狗兒泳區」。自由玩耍區每個區域大小不一，大多位於人們散步區域附近，方便飼主遛狗。這樣的玩耍區通常沒有太多特別設施，一片有圍欄的草地，放置幾張木製野餐桌椅，有些特殊的玩耍區則會設置一些「遊樂器材」，供飼主與狗狗做特別訓練。在這樣簡單的區域裡，狗狗可以自由自在奔跑，加入狗群一起玩耍，飼主也能藉此交流，一舉多得。

完美生活

瑞典有將近三分之一的家庭，家裡都有毛孩。除了狗，貓也是非常受到喜愛的「陪伴動物」（sällskapsdjur）——瑞典文用這個名詞來統稱貓和狗這種很親人、通常養了就像家人了的動物。雖然瑞典人很重視動物權利，也多數喜愛動物，但這不代表毛孩的生活就十全十美。

在瑞典，每隻狗都必須做晶片植入、登記，對於貓卻沒有相關規定，因為走失或各種原因而成為流浪動物的多是貓咪，又因為牠們多數沒有晶片登記，所以很難找回，在鄉間野外不斷繁殖，沒法控制，反而威脅自然環境。專做保護動物的組織「動物權益」（Djurens Rätt）希望政府能強制訂下給貓植晶片的法案，並且提倡政府與民間組織使用TNRM，也就是捕捉、絕育、

狗狗游泳區。

釋放、管理的方法來解決野貓問題。

部分毛孩也會遭遇類似虐待，或是飼主不願意或無法繼續飼養的情況，這時候，牠們就會被送到「重新安置之家」。這些中途之家並不是無條件接收各種被棄養的動物，除了檢視原飼主的狀況，以及了解他們是否經過各種嘗試去尋找新飼主之外，飼主必須付一筆安置費，付上毛孩所有的登記、預防針或血統資料，有些時候飼主還必須提供飼料，直到毛孩找到新家為止。

這些中途之家收留的不只是貓與狗，還有不少也收留馬、兔子等常見的寵物。瑞典人在養寵物時一般都透過購買，收養的情況當然也不是沒有，只是有限，因此也有人或機構專門收留這些遭受拋棄的動物。照顧這些受過創傷的動物需要更多耐心與相關知識，也需要許多資源。瑞典各地有不少這樣的動物之家，透過保護動物的相同目標，與做動物權益保護的組織共同構成一個毛孩的社會支持網。

然而，在瑞典購買還是比收養普遍，毛孩的重安置較為不易。瑞典有嚴格的飼養、繁殖法規，也有像「瑞典狗園俱樂部」（Svenska

Kennelklubben，SKK）的專門組織，提供安全又合法的交易平台。只要沒有觸法行為，一般飼主可以販售「毛孫子」。人們可以花上千上萬克朗購買有血統證明的貓或狗，甚至不惜從國外購進「理想」毛孩。雖然可以相信大部分的人都會善待買來的毛孩子，但購買來源不明或國外的貓狗也有可能支持了不法繁殖場的產生。所以許多動物團體不斷呼籲大眾，購買時必須跟飼主，甚至幼犬的父母在他們生長的環境中見面，所有該注射的疫苗與該移轉的文件都不可以缺，避免黑心繁殖的情形發生。

除了家中的「陪伴動物」，民間團體也在繼續為雞、豬、牛、羊這些「生產動物」的權益努力，也希望更多人能了解任何形式的「工業化經營」都可能傷害到動物。瑞典雖然重視動物權益，但制度尚未做到盡善盡美，民眾對於動物權益的知識也還有加強空間，免得自以為做了關懷動物的好事，其實讓更多動物受罪受害。

不打擾、不破壞——親近自然的權利，人人有

瑞典四季分明，除了顯而易見的變化，例如樹葉、光線、水結冰降雪，森林直送的新鮮物產也是個明顯的指標，春末的野莓，夏天的漿果，秋初的菇蕈。而依照季節更迭，到森林採集各種當季的鮮美物產，更是頗受大眾喜愛的休閒活動。

下著雨的森林裡，我們一行人拿著盒、提著桶，低頭慢步，四下張望，尋找美味菇蕈的蹤影。眾人尋覓的頭號目標，自是最受歡迎，有「林中黃金」之稱的雞油菌，然而較為常見的卻是各類牛肝菌。雨中的森林寧靜濕潤，進入其中就像掉進一塊大海綿，在一片綠的森林地被中尋菇採菇，需要極大耐心與專注力，為了更好的收穫，我們避免跟同伴齊行。這樣一個人獨

專心採菇要小心，別神隱在森林裡！

眾人合力將利用自然素材裝飾好的仲夏節花柱立起。

自安靜的、專注的、沉著的在森林裡採集，幾乎要入定。有幾個瞬間，甚至擔心就將這樣「神隱」在森林裡。

好在「定向越野」（Orienteering）是每個瑞典人從小必修的體育項目，同行的朋友們就算不是野外求生專家，也都至少能在這樣的森林裡找到來時路。沒有受過相關訓練，來到陌生的森林中尋菇，得分點心留意別跟其他人走散，畢竟身上的採菇裝備：雨衣、運動鞋、刀、小桶，以及對野外求生的知識貧乏，加上北國的冰雨與低溫，迷失很有可能就是攸關生死的問題。

在瑞典生活最迷人之處，莫過於美麗的自然環境近在咫尺。瑞典地廣人稀，樹比人多，湖泊森林多過屋舍樓房。全國已開發土地（都市或工業用地）只佔百分之三，有百分之六十九的國土被森林覆蓋，這些未開發地（非都市或工業用地）約百分之八十為私有地。城鎮被大自然團團環繞，提個籃子就到住家附近的森林採集，到湖邊釣魚，狩獵季節拿把獵槍到原野打些野味。六月仲夏節時，利用四處可見的野花與自然素材製作花柱與花冠，更是一大傳統。這樣貼近自然的生活方式，對多數瑞典人來說並不陌生。

大家的大自然

支撐這樣生活方式的，除了美好的自然環境與政府良善的管理，還有一個悠久的傳統——「Allemansrätten[19]」（公眾近用權）。許多人認為這個傳統源自中世紀，但確切的起源似乎更久遠。這個傳統並非瑞典獨有，其他北歐國家和波羅地海國家、瑞士、奧地利，以及蘇格蘭等地，都有類似這樣「人人皆有權自由遊走自然中」的傳統。

在瑞典這片廣闊大地，可以自由遊走於自然中的不成文默契，給長途行旅者方便。這是一個人人享有的權利，不分國籍，只要來到瑞典，都歡迎您在此享受大自然。雖然沒有專法規定，這個權利可是被明文列在瑞典憲法第

19 或譯為：「自然享受權」，瑞典文直譯為：人人享有的權利，其他國家的類似傳統則翻譯為「漫遊自由」（Freedom to roam）。

二章「基本權利與自由」當中。而從此權利所延伸的觀念就如不成文法一般，被全國上下信守、遵循著。

究竟這個人人享有的權利的內涵是什麼呢？

無論是私有或公有地，人們可以自由在大自然中移動，要行走、騎單車、騎馬、滑雪都可以。人們可以自由在自然中採集，花朵、菇蕈、漿果或落葉樹枝皆任君利用。唯不得採摘保育類花朵植株，也不得取用私人栽種之作物，不得砍樹，不得破壞植被。

若想露營，在瑞典也相當自由，只要不超過兩夜，不須經過地主同意，即可在野外紮營，惟必須與住宅區域和公園綠地保持適當距離。若超過兩夜，則必須取得地主同意。要注意的是，許多國家公園和保護區是不得紮營或升火的，行動前務必看清楚告示，以免犯法。若在野地漫遊時需穿越圍籬，千萬要記得關閉出入口。在沒有安全疑慮的前提下，可在野外起營火。

在河流、湖中與海中游泳或划船當然都是被允許的，某些地區的河流航行甚至是被鼓勵的，不但有路線圖可參考，沿途也會有標示，很是方便。然

偌大森林裡標示簡單的步道
人煙稀少。

而垂釣以及狩獵則有特殊規定，一般來說必須申請、付費，惟在瑞典最大湖和海岸可自由使用釣竿垂釣。若對自然近用方式有疑慮或不清楚的部分，都應詢問地主、當地人或洽詢旅遊資訊站。

這個權利的內涵簡單的說，即是「不打擾、不破壞」。不打擾環境以及在這環境中的居民、使用者，不破壞環境與其他人近用自然的權利。再簡單點說，就是一種相互尊重，人與環境之間，管理者與使用者間，以及使用者彼此的相互尊重。地主給我們通行與利用自然的方便，我們享受自然的賜予之外，也該體認到自己在這個人與環境間的關係中，只是過路的客體。維護他人享受自然的權利的同時，也是在維護自然環境的永續，更是確保自己將來能繼續近用自然的權益。

因此，進入自然時，確保最低程度的干擾以及不破壞，成了一種使用者之間不成文的約定和默契。

在瑞典，四季都有享受自然的理由，住家附近就是海、就是湖、就是森林，度過了又冷又陰暗的漫漫冬夜，春天不踏青、夏天不玩水不跳湖怎麼可以？秋天不採菇、冬天不到冰雪上活動，該如何度過漫長黑暗寒冬？

享受自然的重要配備

瑞典開放與鼓勵人們走進自然的風氣，讓人有更多機會可以學習如何運用這些「權利」。在這樣開放的荒地中活動，若沒有一定的野外常識或經驗，危險隨時都可能發生。再加上整個瑞典國土廣大，將近四十五萬平方公里，只有一千萬左右人口，很有機會在野外走上幾個小時遇不到其他人。瑞典大自然中的公共設施並非以「方便民眾」為出發點去設計，往往只有極簡易的步道指標與不常出現的地圖，倘若發生意外只能靠自己，沒有在野外求生的能力，很有可能以悲劇收場。同樣的道理，有完全開放大眾使用的水體，但若大眾不諳水性，或不懂得如何以安全的方式親水，後果不堪設想。所以進入自然中去學習、去體驗，不懼怕也不小看大自然，是瑞典人能享受自然的另一項重要配備。

悠閒享受大自然的賜予，我們都只是環境中過路之客。

夏天裡，常看見穿著兒童救生衣的小孩，搭船跟著大人遊湖出海，青少年成群結隊騎著單車到湖邊跳水游泳，划船遊湖或揹著釣竿到水邊釣魚也是許多青少年喜愛的戶外活動。孩子獨自玩水，難道父母不擔心嗎？瑞典社會的教養哲學，是從小就將享受自然所需的技能和知識傳授給孩子。學會游泳了就去游、去跳湖，學會划船就去划、去釣魚，大人從旁陪伴、教導、支持，讓他們能在安全的環境下親近大自然，學習並進而應用這些技能與知識，長大一點，孩子們就能懂得安全且獨立的利用大自然。

因為多湖、近海的環境，了解如何適應水域環境是每個瑞典人必須要會的生存技能。許多孩子在湖裡學會游泳，學習沿著湖岸游便是戶外游泳基本重要準則。滑冰以及如何在冬天破裂的冰湖中求生，是學校冬季課程之一，學生若願意，可以親身體驗掉進冰湖的裂縫中並練習重新回到冰層上。當然全程有安全維護，讓學生可以安心地實際操作。依照體育與健康課綱規定，每個學童都要在六年級結束前能夠游滿兩百公尺，其中包括五十公尺的仰泳。要具備不同季節在水岸遭遇危險的處理能力，也必須具備游泳、行船、

九歲的古斯正跟著爸爸練習划槳，為暑假的父子獨木舟探險熱身。

以及冰上知識，到了九年級，則必須有能力應付水岸與水域中的危急狀況，並且具備急救常識。

除了家庭環境與教育，培養孩子對自然與環境的正確態度，也是學校重要教育目標之一。不少瑞典幼稚園坐落於森林邊緣，在森林中遊戲是許多兒童熱愛的行程。年紀再大一點，學校開始鼓勵學生更積極的參與自然和環境議題，甚至將層次拉至全世界。因此瑞典人對於維護自然與環境保育的意識，普遍來說相對算高。而人們也懂得不濫用這個權利對維護自然環境與其他使用者的重要性，使得這樣高度仰賴民眾的「尊重」與「常識」，相當開放的不成文約定得以實行。

現代發展與近用自然的衝突

當然，這個「不打擾、不破壞」的原則並非如此浪漫，在現代化的過程中也受到一些挑戰，各方權益也不斷出現摩擦。例如，販售自由採摘的漿果或菇蕈並不違反自然近用權，這樣的行為在過去可能無傷大雅。然而，隨著人口增加、需求量增加，採摘量大增造成地主權益受損。林業發展使得地主與政府對自然的管理考量更趨商業取向，犧牲生物多樣性，影響大眾親近自然的權益。除此之外，水岸建築增加，更多房舍進入湖邊、海邊，降低了大眾親水的便利性。而隨著科技的發展，孩子們想在家打電動遊戲的欲望，更甚於親近大自然。有些孩子在自然中學習體驗的機會甚至已減到最低，完全仰賴學校教育。

時代的不斷變化，各方權益不斷摩擦，而這人人享有的自然近用權仍然在瑞典環境法與相關法案的制定與修正上，扮演著重要角色，確保世世代代都能享受健全的自然環境。

天色漸暗，我們在陌生的森林裡漫步著，眼前出現一條私家小路，景致優美，像似能通往什麼祕境。

「我們走看看吧！」我這樣告訴同行者。

「不了，還是別去打擾人家吧，我也不喜歡在自己最喜愛的祕境中被陌生人打擾。」同行者答道。

有關「不打擾、不破壞」的原則，我想，我還有許多要學。

第4部

打造全民的幸福

雖然法律規定一般學校也有義務提供學生各種形式的支持，包括無障礙設施與教學設備，但特殊學校的設施仍比一般學校更加符合身障學生需求。

人間天堂裡的瘋狂悲劇

被韋克舍本地人暱稱為SSS的聖席弗利斯醫院（Sankt Sigfrids sjukhus）坐落在楚門湖畔（Trummensjön），清幽的環境如同瑞典許多地方，平和、寧靜。然而，就像瑞典犯罪小說一樣，在SSS平靜的表面之下，卻有著許多不堪回首的黑暗過往。

是治療還是凌虐？

瑞典與歐陸的精神疾病照護發展脈絡大致相似，十九世紀前，人們對於精神疾病的了解不多，多從宗教角度解釋這種「異常」行為，並使用驅魔、禱告的方式「幫助」這些人。驅魔的方式很多，例如自我排毒、潔淨身體。其中一個潔淨身體的方式，是在病人脖子後方劃出一條「皮膚帶」，並用一撮頭髮穿過其中，作為治療。

中世紀後宗教開始介入精神病患的照顧，教會便在瑞典各地開始設立「聖靈院」（Helgeandshus）。在此之前，社會期待家族親人完全負起照顧精神病患的責任。SSS的前身，便是一個在十四世紀時由教會創立的「聖靈院」，專門收容、照顧本地的精神病人以外，也收容痲瘋病人、窮人、殘疾人等無人照顧的社會邊緣人。到了一五三〇年代，聖靈院開始改名為聖靈「醫院」，但除了名稱，實質上沒有太大改變。

過去人們認為因精神疾病所引起的異常行為是偶發的，是由於病人意志不堅定，受到惡靈干擾，大多可透過讓病人「冷靜」下來的方式獲得解決。禱告之外，監禁、限制行動、冷水都是可以讓人冷靜下來的方法。

SSS的精神醫學史博物館中，陳列了許多用這些方法來「治療」病人的工具。現在較為人知的約束衣是晚近的發明，在此之前的人們發明了各種樣

SSS環境。

式的「牢籠」，病人發作時會被放進或坐、或站、或躺的「籠子」中，直到他們恢復平靜，有個站姿籠子的設計，甚至在病人頭上安裝一個滴水裝置，根據當時科學家的研究，每分鐘十七滴水的速率，能夠最有效的幫助病人冷靜下來。

十八世紀末，SSS搬到現在這個坐落於湖岸的位置。這個時期，瑞典的精神病患照料也逐漸走向「機構化」，政府慢慢從教會手中接下看照精神病患的工作。然而，人們對於精神病的了解依舊有限，各種古老的治療原則一直被沿用到十九世紀初。十九世紀後，科學家開始了解到精神病是一種可治療的疾病，政府設立專門的精神病院，著手照料病患，瑞典的第一間精神病院康洛斯貝醫院（Konradsberg）即在這個時期建立。機構化下的精神病院，動輒容納上千名病人，照護人員嚴重不足，對精神疾病的知識有限，也缺乏相關的技能。有些SSS的醫護人員甚至在回憶錄中提到，他們對於狀況較差，例如暴躁、具攻擊性的病人其實是懼怕的。為了方便管理，將病人集體監禁、上腳鐐，「不聽話」的病人被電擊、被體罰、被強沖冷水、泡冰澡等手段，都是當時大型機構裡常見的管理方式。除此之外，整個SSS院區被高聳的圍牆隔離於韋克舍市以外，所有人員不得自由出入。

除了舊有的治療方式，科學家也開始探索新的方法，許多科學實驗便在像SSS這樣的大型機構展開了。

精神病患作為科學白老鼠

十九世紀後期，精神醫學走向科學化，醫療手段從消極的限制行動，轉變為積極的外科手術。駭人聽聞的腦白質切斷術（lobotomy）在一九四〇年代中期首次在瑞典施行，根據《醫療周刊》（Läkartidningen）的調查，在一九四四年到一九六四年之間，全瑞典進行了至少四千五百次腦白質切斷術，其中百分之六十三的患者為女性，也有為數不少的未成年人。這段期間內的手術致命率平均是百分之七・四，接受手術的多為思覺失調症患者。這個手術的施行方式相當不人道，有時病患甚至是在未麻醉或被電擊的情形下，被施行手術。術後病人雖然變得「冷靜」了，卻帶來不少嚴重的後遺症。同時期在瑞典常見的「新型」治療法還有電擊、胰島素休克療法。

許多精神病患並非自願進入並願接受治療，大多數人是被家人遺棄，或在機構化開始後被政府半強制的帶走，爾後就與家人失去連絡的不在少數。這些無人聞問的病人，自然成了醫學實驗的最佳白老鼠。在《阿克瑟爾是白痴》（Axel var idiot）一書中，記載了患者阿克瑟爾在院方的「糖果與牙齒健康」實驗中的親身經驗。醫院中進行各種不同的實驗，有些人被分配到大量蔬菜和馬鈴薯，有些人只吃特別油膩的食物，而阿克瑟爾與他的同伴們則是只能吃糖。

這些病人可以無限制的吃糖，一開始大家都好開心，能吃多少都吞下肚。後來開始有人肚子痛，院方進行手術後才發現，原來患者都不曉得吃糖前得把糖果紙拿掉，因此除了大量的糖，他們同時也吞下了大量塑膠。阿克瑟爾就這樣日以繼夜的吃糖，從一開始興高采烈的吃，到後來出現了偏頭痛的症狀。整整三年的時間，當他的牙齒全蛀光，身體健康也出現問題後，醫生才終於確定糖對牙齒有不良影響。

從與世隔離的小城市到進入社區

一九四〇年代傳進瑞典的還有「職能治療」，這是一種讓病人透過從事職能活動或有目的性的活動，達到治療或穩定病人狀況的治療法。在機構化之前，像SSS這樣的醫院類似一般農場，人員在院區內自給自足，病人也分擔部分生產工作。機構化之後，大型精神病院依舊與世隔絕。然而，除了一般的工作人員，病人也因為職能治療的關係，開始了類似「工人」的生活。在SSS裡，病人學習如何做木工、裁縫、烹飪等手工藝，過著規律的「上下班」生活，偶爾放風休息。這樣的生活，聽起來是否跟監獄裡的犯人沒有太大差別？

SSS自成一格，與外界完全隔絕，所有的服務都能在院區內完成，舉凡洗衣工、鞋匠、鎖匠、裁縫，加上院區內本來就有的農場，可說是一個「城中城」在全盛時期，院區內甚至有鐵路，連接各建築物。

然而這樣的大型機構的問題也漸漸浮現。除了前面提到的科學實驗問題，大型院所通常有超收病人的情形，衛生條件也相當差。SSS在一九五〇年代後期因為超收病人、收容品質低落而受到嚴厲批評。在一九四〇到一九四五年間，位於南部城市隆德的維沛宏醫院（Vipeholm），甚至發生了許多病人營養不良而喪命的情事。

大型機構的照護方式受到許多批評，因此一九六〇年代開始了許多討論與改革，精神病人的權益也開始得到關注，重視病人意願的治療法也開始被採用。一九六七年，不再用「瘋人院」（sinnesjukshus）做為精神院所的名稱，照顧精神病患的責任也從中央落到省級政府手中，大型機構的病床數漸漸減少。一九七六年立法禁止對精神病人進行強制絕育。一九八〇年代開始關閉許多大型機構。一九九五年的改革，進一步將這照護工作下放到市政府層級，由市政府負責一般精神病人的社區安置，並提供醫療服務，省政府則負責病症較嚴重的病患照護。直到這個改革施行後，大型精神病院才真正走進歷史。

一九九五年之後，讓病人有更多自主權。這意味著除了極少數經專業判斷需要住院照護的病人，以及因為犯罪而需要接受治療的病人外，絕大多數的精神病患都跟你我一樣住在家裡，只在病人有需要的時候才尋求幫助。在少數的狀況下，若家人或社工發現病人有傷害自己或他人的立即危險時，也可以報警，將病人強制就醫。雖然瑞典沒有特別立法規定精神病患的權利，但對於各級政府應該提供的協助與分工仍有明確規定。

這樣的改革，似乎解決大型機構與世隔絕、藏汙納垢的弊病，另一方面也帶來了一些問題，例如，當市政府接下安置的責任時，他們不一定能立即找到足夠且適當的安置點，造成病人無家可歸。省政府與市政府之間對於「病症嚴重性」的認知有出入，造成有些病人成了被遺忘的一群。有些病人不適應獨居的新生活，離開大型機構後反而無所適從，病情無法獲得改善。這些在新制度中適應不良的人們，很多就成了流落街頭的無家者。有不少專家學者認為，這很有可能是一九九五年後瑞典出現遊民的主因。

人間天堂裡的瘋狂舉動

瑞典這麼一個人人稱羨的社會，也曾經經歷過數次因為精神疾病而起的隨機傷人、殺人案。在瑞典文中，這樣的事件稱作「瘋狂的（傷害）行為」（vansinnesdåd）。

二〇〇三年或許是瑞典近代最令人不安的一年了，在這一年連續發生了多起因精神疾病引起的隨機殺人案。二〇〇三年五月十九日，一名認為自己被山怪追殺的男子，在斯德哥爾摩近郊的歐克斯霍（Åkeshov）捷運站外，手持鐵棍傷害路人，造成多人受傷以及一名七十一歲的老翁死亡，這名男子在之前曾經多次向醫療院所求助。事隔不到一周，五月二十二日，一名男子駕車衝進斯德哥爾摩老城區，造成兩人死亡、十六人輕重傷，他懷疑自己受到國際刑警遙控，在此之前，他已經有四年的精神疾病就醫歷史。八月二十六日，一名男子用武士刀殺死了兩名住在附近的老婦，因為他認為她們是惡魔，這名男子曾經因為嚴重的精神疾病而住院。九月十日，時任的瑞典外交部長安娜．林德（Anna Lindh）在NK購物中心遭到不明男子刺傷喪命，加害人也有精神疾病病史。隔天一名二十三歲的男子在阿爾維嘉（Arvika）一間幼稚園外，用刀殺死了一名五歲女童，這名男子在案發的前幾天，才被醫生診斷為狀況正常，從精神病院被轉到一般的開放式療養。

哪裡出了問題？

這些曾經就醫尋求幫助的精神病人，為什麼最後走上殺人、傷人的路？醫療體系究竟出了什麼問題？難道開放式、自主式的治療行不通嗎？在這些案件發生後，瑞典政府沒有走回頭路，把精神病人重新關進大型機構，也沒有為了「安定民心」，而在大街小巷抓精神有狀況的人將其強制就醫，也不修法剝奪病人的自主就醫權。瑞典的精神病照護體制當然還有需要改進之處，例如，大多數醫療診所（vårdcentral）沒有心理醫師在第一線把關，了解求診病人是否需要心理相關的協助。兒少的心理治療部門需求增加，卻嚴重缺乏人力。毫無病識感的病人，長期不自主就醫接受治療，恐怕病情會持續惡化。

然而，他們認為，嚴刑峻法是解決不了這個問題的，唯有加強精神照護的資源，增加預算，增聘醫療人員，同時了解各級政府在執行精神病人照護時發生了什麼問題，有什麼漏洞，該怎麼彌補。而這些精神病人在犯了罪之後的評估與治療也必須徹底執行。當然還必須教育大眾正確的了解精神疾病與病人。當然，這些舉措絕對無法完全遏止「瘋狂的傷害行為」再次發生，只能盡可能預防，盡可能讓所有需要相關協助的人都能獲得適當的幫助。

瑞典知名犯罪學家米格・瑞因（Mikael Rying），曾在二〇一五年時類似的事件又上演後表示：「這樣的瘋狂行為一直存在於人類社會當中，但是極少發生的，而且只在發生時會受到人們高度關注，隨即又馬上被淡忘。大眾其實不用太擔心在路上被襲擊，在家裡因家暴致死的比例反而高得多。」

被刺遇害的前外交部長安娜・林德的丈夫布・赫曼森（Bo Hermansson）

在事發半年之後，接受第四頻道（TV4）的專訪時指出，只要是有精神疾病的罪犯都不應該進一般監獄服刑，而應該被送進精神矯正機構（rättspsykiatrisk vård）接受治療，才不會造成更多社會問題。他也認為，一般人對於精神病患的了解太少，所以當我們在打造這個國家時，把這些人遺忘了。這就是為什麼瑞典並沒有好好「接住」這些人。

赫曼森一直沒能走出喪妻之痛，事發之後雖想重新展開生活但未果，身體健康亦不斷惡化，二〇一〇年被居家照護員發現孤獨的死在家中。

自律的媒體才能發揮最大功效

犯罪學家米格．瑞因表示，這類「瘋狂行為」通常都會接二連三的發生。這樣的事件是不可能杜絕，又會接續發生，難道瑞典社會不懼怕嗎？只要是人，都會擔心自己或家人突然發生意外，瑞典人當然也會怕。因為了解大眾的恐懼，在這種事件中扮演重要角色的傳媒，就有更重大的責任去確保在此類事件發生後，大眾得到正確又不煽動恐懼的資訊。

瑞典媒體從十八世紀起就享有出版、言論自由，為了繼續享有免於國家力量干涉的「自治」的自由，瑞典媒體培養出了相當高度的自律。因此在報導此類新聞時，都會格外小心謹慎，他們避免事發之後第一時間去採訪被害人或加害人身邊的關係人，因為這些人必須要先冷靜，平復心情之後，才能對是否接受採訪做出正確的判斷。他們也會盡量避免煽動大眾的恐懼情緒，若有違反自律的情事，則可通報媒體自治組織「瑞典媒體裁決會」（Pressens Opinionsnämnd，PON）[20]處理。

在事發之後，媒體的功能並沒有因此結束。他們製作各種相關的專題新聞，邀請專家討論心理疾病，甚至有名人現身說法，分享自己患病或成癮的各種心路歷程，讓民眾了解，精神疾病跟我們的距離一點都不遠。每個人的心理狀況，都有可能在人生的不同階段產生質變而需要外界協助。

不過，根據《醫療周刊》的報導，大眾對於精神病人的印象多來自於對「瘋狂行為」的報導，因此也容易把暴力犯罪跟精神病人連結起來，認為精神病是暴力行為的唯一導因。然而，暴力行為的導因除了精神疾病，還有許多複雜的因素，例如，病人的防衛行為，對於衝動的自制力降低，沒有好好遵循醫囑接受治療等，這些對於精神疾病與病人的科普知識，是需要大眾一起來認識的。更多正確的知識，不但能讓精神病人免於汙名，得到較好的對待，也能讓民眾減低擔憂與害怕。

因為媒體的各種報導，瑞典社會對於精神疾病與病人的態度越趨開放，更多人願意公開分享自己面對各種精神疾病的經驗，於是社會上也出現了更多討論與協助資源。在一般醫療管道之外，許多非營利組織也開始針對精神病人展開服務，希望能把這些我們在打造這個國家時所遺忘的一群，重新接回社群裡，一起好好生活。

20 這是一個成立於一九一六年，世界第一個用來確保媒體自律的民間組織，完全由媒體自主成立、營運，會中的主席，負責裁決並可舉發各種媒體亂象。瑞典的媒體自律並非來自法律的規範，而完全是媒體自發的行為。

我的同事魯易絲

我跟坐在隔壁的同事魯易絲約了下班後一起散步到市區的咖啡店fika。初秋天氣不穩定，我們幸運遇到秋高氣爽的好天氣，適合邊走邊聊。跟魯易絲一起走在路上，似乎更能進一步體驗道路的設計狀況，途中雖遇到一兩次綠燈秒數不夠用的情形，也幸虧用路人親切禮讓，讓我們散步一路順暢。到了咖啡店，點完餐，我們找了一個好位子。我拉開其中一張椅子，把它移到另一張桌子旁，好讓魯易絲有空間可坐。

不到三十歲的魯易絲，從高中畢業後到我們的組織「改變社會實踐網絡」（Nätverket SIP）短暫工讀與實習後，留在組織工作，到今年已經有將近八年的時間了，算是資深員工。她一開始負責組織對外的採買工作，因此針對全市的各個食品盤商做了全盤研究。現在魯易絲負責的工作，是向瑞典全國的醫院、醫療中心、診所推銷組織今年出版的童書「我叫茱莉亞」。這本書的主人翁茱莉亞是一個充滿想像力的女孩，她長大想當太空人。茱莉亞有一隻喜歡玩「你丟我撿」的狗，在茱莉亞的幻想世界中，自己還是一個會飛天的女超人。然而，現實生活中，茱莉亞上下樓需要搭電梯，她是個坐輪椅的女孩。

跟茱莉亞一樣，魯易絲也是個坐輪椅的女孩。

魯易絲是罕見疾病「色素失調症」（Incontinentia Pigmenti，簡稱ＩＰ）的患者，除了出生不久就全身起水泡，牙齒發育不全、癲癇等各種色素失調症患者的病痛之外，從十一歲起她開始感到雙腿無力，平衡感失調。雖然四處就醫，努力復健，最後還是得依賴輪椅才能行動。魯易絲說，此類患者中有三分之一會有癲癇的狀況，但像她一樣最後坐上輪椅的例子不是太常見，醫生們也不太能全面掌握她的情況。為了更了解自己的病情，魯易絲參與病友社團，跟國際病友協會聯繫，魯易絲談論起她的病症，沒有顯露太多情緒，平鋪直敘的語氣，彷彿說的是發生在別人身上的事一樣。

滿足特殊需求卻犧牲社交機能的學習環境

瑞典各地都有專門為了身心障礙學生開設的各級特殊學校（särskilda skolor），這些學校有的獨立於一般學校之外，但許多都與一般學校共用校舍。這樣的安排，出發點是為了讓特殊需求生與一般生有相處的機會。雖不在相同班級上課，在同樣的校園裡可以增加雙方的交流與認識，製造與現實社會中相似的環境，讓特殊需求生不會因為求學階段的隔離而「遺世獨立」，一般生也有機會學習如何與跟自己有不同生活經驗的同學相處。

雖然法律規定一般學校也有義務提供學生各種形式的支持，包括無障礙設施與教學設備等，但特殊學校的各項設施，還是比一般學校來得更加符合身障學生的需求。在學習上，特殊學校提供與一般學校相同的學程，學生甚至可以依照自己的學習需求，選擇就讀為特殊需求量身設計的「個人課」。

無論團體學程或個人學程，學生們都有到校外實習的機會，進行針對進入職場的熱身學習。以高中來說，特殊學校的學生因為在課堂學習上需要各種不同的額外輔助，所以學習時間就比一般生多了一年，四年完成學業。

在高中之前，魯易絲從來沒有讀過特殊學校，一來是因為就算不就讀特殊學校，每個學生的特殊需求還是會被照顧到。二來則因為多數特殊學校比較符合智能障礙者或是多重障礙者的需求。除了行動稍微不便，魯易絲就跟一般生一樣，在學習上可以完全獨立，因此她選擇就讀一般學校，而非設立在一般學校裡的特殊學校。就讀一般學校的經驗，也讓她察覺到現行制度的缺失。雖然在一般學校中設立特殊學校，「校中有校」的立意良好，但魯易絲國中時期發現，她的同學們普遍對特殊學校沒有太多了解。她見過一般學生背地裡嘲笑特殊學生的情形，而因為兩校活動場地的隔離，學生們沒有太多交流，特殊生人數較少，在小小的區域裡自成一群，在魯易絲眼中看來有點落寞。

十七歲那年，她決定離開一般學校到另一個城市去求學，讀的是為了行動不便者所設立的國立高中（Riksgymnasiet för rörelsehindrade）。我好奇的問她，既然一般學校就能提供特殊協助了，為什麼還要大老遠到兩個多鐘頭車程外的克里環斯塔（Kristianstad）求學？她解釋道，國中學業結束之後，她進入一般高中就讀，一樣沒有選擇特殊學校。在新的學校，她雖曾得到特殊協助，卻被校方告知，這些協助只是權宜之計，建議魯易絲申請到外市的這所行動不便者國立高中就讀。

我聽著魯易絲敘述這段過去覺得很不開心，明明就是法律明文規定的權益，憑什麼要求學生轉學？我著急的問她，「妳們難道沒有提出抗議嗎？」魯易絲一如往常雲淡風輕，笑笑的說，「沒有，我跟我父母就去找資料，向那個學校提出申請了。」

幸好，到了這所國立高中，魯易絲得到了許多協助，她對學校的設施與人員都很滿意。在那裡度過的三年時間，魯易絲在學生宿舍裡有自己的房間，在學校的學習也讓她很開心。她選讀了社會人文學程，專攻西班牙語等拉丁語系的語言。然而，這所學校與另一所一般學校共用校園，但一般生與特殊生的空間依舊分離。這次，魯易絲成了小眾群體的一員。她對於校園空間的安排特別有感，就學生餐廳來說，特殊生的餐廳在一般生的旁邊，但是規模小多了，一般生餐廳裡也沒有設置協助設備或輔助人員，因此就算特殊生想要到一般生的餐廳用餐，難度也頗高。

「這是不對的，我爸媽跟我都認為這是不對的。」說到這裡，魯易絲總算展露了一些情緒。

進入職場——「改變社會實踐網絡」

在畢業之前，魯易絲的輔導員告訴她，她的家鄉有一個小組織「改變社會實踐網絡」（簡稱SIP）在找實習生。這個組織很有趣，以改變社會為宗旨，從幾個科技宅宅在一起打電動，然後偶然認識了想學電腦的老年人和身障者，開始教學。經過各種腦力激盪，從科技為主的組織，慢慢轉變成現在的樣貌。這個組織由四個團體組成，每個團體做的工作不盡相同，包括動物關懷，青年培力與國際交流，用科技改變身心障礙者的生活，身心障礙者的創新與發展等。

在組織裡工作與來去的人形形色色，有許多跟魯易絲一樣的身障者，有跟我一樣的新移民或老移民，有喜好著女裝的男人，有各種性向、不同信仰的人，有來自不同國家的志工，有各種不同程度的自閉症或過動症患者，也有一般人。此外，大家說著各種不同的語言。這讓喜愛語言學習的魯易絲很開心，她總是能在我們遇到英語不太好的法語或西語國家志工時，扮演翻譯的角色。對時常感到身體不適的她來說，成為專業通譯是個難以達成的夢，但在SIP多元文化的環境中，多少能夠發揮一點語言長才，聊慰心願。

增加社交機會的空間設計

SIP的空間設置不像魯易絲之前的學校，為了滿足特殊需求而犧牲空間的社交功能。相反的，為了讓來自各種不同背景，或有不同需求的員工有機會互相認識，辦公室裡的通道與門的設計，輪椅都便於通過，讓人們能夠來去自如。用餐空間也特別注意椅子的擺放，餐桌旁一律只放四張椅子，方便輪椅使用者隨時入座。更不定時的舉辦各種講座，讓組織裡的知識與經驗相互流動。

魯易絲加入了組織裡的「沙拉俱樂部」，跟其他同事一起，每天帶一兩項可以加進沙拉裡的食材。中午十二點，帶著自己的食材準時到廚房報到，跟大家一起洗菜切菜。廚房的設計也是經過考慮的，例如流理台的高度與寬度，讓坐在輪椅上的人可以輕鬆的準備食物、切菜、炒菜、使用微波爐，或者拿取各種物品都不須經過他人之手。同事們也時常會互相提醒，要保持流理台下方空間的淨空，好讓輪椅容易進入。

這樣既顧及功能又兼具社交機能的空間設計，讓魯易絲與其他同事們社交無礙。我們常常圍坐在一起用餐，一起在廚房準備食材，辦公空間不受隔閡大家可以相鄰而坐。與魯易絲過去的學校經驗相比起來，實在好多了。

工作之餘，魯易絲最喜歡的休閒活動除了跟朋友見面，就是跟她兩隻心愛的小狗一起到鄰近的森林步道去散步。

跟台灣比起來，瑞典無障礙設施的設置與設計的確不差，人行道、一般公共場所、餐廳、學校以外，瑞典也很注重身障人士接觸大自然的機會。在國家公園或自然保護區比較容易到達的地方，會見到無障礙通道，一般散步區域有寬敞平坦的步道，方便輪椅使用者進入自然環境。有些湖邊、海邊游泳的地方，也有無障礙設施，方便輪椅使用者下水玩耍。

然而，有這樣的硬體設備似乎還不夠，在街上、咖啡店或餐廳等社交場所，還是不常見到身心障礙者。身心障礙者的社交圈與一般人的社交圈似乎沒有融合得太好，出了社會，人們還是像在學校裡，各吃各的飯、各走各的路。要如何創造更多互動交流與認識，是ＳＩＰ與許多團體正在努力的工作，也是瑞典社會應該更加重視的課題。

沒有壞天氣，只有糟糕的裝備——熱愛戶外活動的極端分子

我們依照瑞典自然保護協會（Naturskyddsföreningen）活動小冊上的指示，在指定的時間來到指定的集合地點。隊伍中有一個牙牙學語、走路都還不太穩的孩子，被爸媽帶著一起來健行，另外還拉上一隻好奇心旺盛的小狗狗。

瑞典的天氣，在夏天要走不走、秋天又急著接班的時節最不討喜。畢竟人們還依戀著夏天，些微的天氣變化都會遭來人們的白眼甚至咒罵。今年的暖夏，更是將平常沒人察覺的細微溫度變化數倍放大。過了一個暖夏，瑞典人都不瑞典人了，十五度的氣溫就讓他們冷得哇哇叫。今天我們運氣好，雖然氣溫低了點、風大了點，但太陽給足面子。我們跟著嚮導的腳步，往森林

裡走去。

活動的小冊上僅僅註明了時間地點與活動內容，但參與者卻好像都說好了一樣，人人裝備齊全，除了基本的保暖外衣與方便行走的鞋子、飲水，和活動結束後的戶外 fika，咖啡、水果、茶點一應俱全。年紀較大、行動不便的長者還準備了登山杖。這讓我不禁想起了幾年前在挪威北部的那次冰河谷健行，行前介紹也是簡單一兩行字，多數參與者也像是約好了一樣裝備齊全，裝備不齊全的人對自己的決定和選擇負責，沒有人因為自己裝備不全而責怪主辦單位「未盡告知責任」。這個態度搭配上瑞典與挪威野外極簡的步道標示與安全設施，不禁令人佩服起北歐人對戶外活動的「責任感」。大家出門前似乎就已經有所覺悟，今天到野外是否能安全返家，自己必須負擔大部分責任。

除了對自己的安全有責任感，瑞典人對於外出和戶外活動的執著更是令人敬佩。只要有太陽就一定往外跑，不論哪個季節，路上或森林裡一定都能看到在外運動的人。而在冰天雪地裡看見一群幼童穿著反光背心與保暖連身衣，跟著老師或家長在野外遊玩的景象，是嚴冬中的瑞典最溫暖人心的風景。

瑞典就像許多其他熱愛戶外活動的國家一樣，流行一句話，「沒有壞天氣，只有糟糕的裝備。」只要準備充足，什麼樣的天氣都能享受戶外活動。在瑞典，雖然不是人人都對戶外活動如此死忠，但是對「戶外活動有益身心健康」的說法，倒是深信不疑。

把國民推向戶外不手軟的瑞典政府

我跟病了請假在家休養的好友提亞相約見面，在零下十度又下雪的天氣，我們打定主意到鄰近的森林健行。從我的住處到最鄰近的自然環境，步行大約十分鐘，提亞的住處更幾乎是一出門就能走進森林。頭痛了幾天的她，在家休養之餘都一定會到戶外散步呼吸新鮮空氣。進到森林裡，看見滿天滿地白雪、百年大樹、結冰的湖，感受到大自然的神妙，個人身上的痛楚與煩惱好像一下子變得無足輕重了。

「轉變中的戶外生活」二〇〇八年的研究報告指出，百分之九十的瑞典人相信戶外活動對健康很重要，也使日常生活更有意義。結合運動與親近大自然的戶外活動，對於健康更有助益，可以減輕壓力、刺激大腦、降低血壓。現代人平均壽命越來越長，老年照護已經是各國政府正在面對的重要議題。對於瑞典政府來說，國民得到健康，國家財政有保障，因此把國民向戶外推，成了瑞典政府的重要內政之一。

為了讓國民更加熱愛戶外活動，瑞典國會在二〇一二年擬定了十個執行戶外活動政策的目標，由自然保護局領頭，統籌超過十個政府部門，透過跨部會的努力，希望瑞典人可以更常到戶外、親近大自然。從各個面向下手，包括增加民眾進入大自然的便利性，增進民眾對自然的知識，增加都市近郊區域的吸引力，永續的區域與鄉村發展，保護自然資源，加強學校戶外活動的教學……等。

瑞典政府認為平日規律的戶外活動助益遠大於「三天打魚，兩天曬網」

的活動型態。研究發現，都市人親近大自然的頻率遠低於鄉村人口，而瑞典全國有百分之八十五的人口居住在都市。因此，將國民用大自然或綠地「包圍」起來，使得他們一有空就能迅速進入大自然，成了瑞典各個市政府的重要工作。一般來說，距離住宅一到三公里之間都算是可輕易親近的距離，這個距離除了方便一般民眾，也考量了行動比較不自主的未成年人與殘障人士的便利。我和提亞所居住的城市韋克舍以歐洲最綠城自居，都市計畫的目標，是確保所有居民走出家門後到綠地只需要三百公尺的距離，讓每個人都有輕鬆享有綠地、戶外生活的權利。

瑞典人了解，從事戶外活動的習慣得從小培養起。為了讓孩子們有機會接觸各種季節的戶外活動，瑞典全國學校除了暑假，每年二月都有一週的「體育假」[21]，讓家長有機會帶孩子們體驗冬季運動。不少家長會專程請假，

21 這個假期據說最早是因為一九四〇年二戰期間，為了省煤炭費用而停課一週，為了讓停課的孩子有事做，就端出許多冬季活動讓孩子參與。戰爭結束後，大家也開始體認到二月停課一週的好處，因此二月體育假推行到全國，並且一直持續至今。

帶著孩子往西北部的山裡跑，讓孩子學習滑雪等冬季體育活動。有鑑於並非所有家長都能在二月孩子放假時請假，瑞典左派黨更推出一個政見，主張讓家長跟孩子同步放「體育假」，闔家出遊、體驗戶外生活。這個假期雖然是為了讓孩子們能夠體驗冬季運動所設計，但隨著瑞典家戶經濟好轉，也有不少家庭用這個假期專程到南國度假，提前享受夏季的溫暖與活力。但無論往北走或往南跑，瑞典人對於戶外活動的重視與珍愛是毫無疑問的。

知識、裝備、經驗——野外救命三寶[22]

瑞典這樣鼓勵民眾進入大自然，極力推廣公眾近用權，不遺餘力將國民推向戶外，難道不擔心因為民眾在野地出意外，產生高昂的社會成本嗎？

當然，瑞典每年都會發生民眾在進行戶外活動時遭遇危急狀況需要救援的情形，無論是山裡、水中，都有意外發生的可能。根據瑞典民防應變署（Myndigheten för samhällsskydd och beredskap）的統計，從一九九八年至二〇一七年為止，瑞典全國各地每年平均約有四百五十四件的溺水通報。而二〇一七年整年度的山區急救通報則有四百四十八件，達到歷年新高。通報的案件中，約有六成動用了直升機救援。

然而瑞典政府並沒有因此認定山野對人民有害、是危險的代稱而封山、封鎖水岸線。相反的，相關單位仔細了解急難情況或通報的發生原因，進而擬定應變對策，對症下藥。

例如，二〇一六年瑞典的山難通報激增，是前一年的兩倍，《每日新聞報》報導指出，原因其實並非真有這麼多緊急狀況，是因為這個數字包含許多知識、裝備與經驗都不足，也不了解自己體能的登山客。還包括部分不了解「急難救助」為何物的民眾，打電話求救只因為累了，或是行程延誤趕不上火車、趕不上開會等荒謬理由。數據中也包括一些只傳送GPS位置到急難中心，卻沒跟救助人員連絡的不明案件。

22 延伸閱讀：轉角國際〈北國無黑山？瑞典「阿那力斯悲劇」的山難教訓〉。

報導中表示，人們對於急難救助的無知，加上觀光業越來越發達，帶來了許多對瑞典山區不熟悉的遊客，這些才是造成通報案件激增的原因。

這些分析讓瑞典人了解到，惹禍上身的元凶並非因為進入山林，而是不夠充足的知識、裝備和經驗。為了減少急難的發生，瑞典政府持續改善山區標示、設施，並且透過「山區安全委員會」加強推廣「急難救助原則」的觀念，更提供英文、德文版本，方便觀光客了解訊息。

「山區安全委員會」（Fjällsäkerhetsrådet）建議登山的基本安全原則有：選擇正確的裝備，將登山計畫留給聯絡人並且在途中保持聯繫，依天氣變化調整行程，不要離開有標示的步道範圍，攜帶地圖與指北針，詢問有經驗的人……等。

「幾乎像在家一樣」的急難救助原則

根據山區安全委員會的官方網站，「幾乎像在家一樣」的原則就是我們在山野中遇到狀況時該有的判斷準則。首先，瑞典人在家感到身體不適或受了一點傷，會先自我休養或處理，若過了幾天病症還是尚未好轉，才會打電話到一一七七救護指引（Vårdguiden）尋求專業護理人士的口頭協助。一般來說，經過救護指引專線的協助，加上多休息，不太需要到醫院或診所去看病領藥。除非發生了特別緊急，危及生命的「急難」事件，才會找上救護車或到急診室。

同樣的，在山野中若是發生身體不適或受傷，沒有危及生命的情況下，並不適用急難救助，可以跟基地木屋或觀光協會聯繫，請求協助。真正需要聯絡警察，動用急難救助，是緊急、危及生命的事件，小病痛、壞天氣、不夠好的設備所造成的不便，都不在此範圍內。

為了讓真正需要急救的人不用為了擔心負擔不起急救費用而硬撐，延誤救助時機，甚至賠上性命，因此瑞典的山區急難救助是免費的。當然，也曾有遊客惡意欺騙救難單位，希望能搭直升機返回基地。遇到這種狀況，直升機不但不會接送，遊客還得負擔直升機約三萬瑞典克朗（約十萬台幣）的出勤費用。

急難救助免費的制度，雖然難防真心要欺騙救難單位的人，也有輿論認為收費或強制險也許能讓民眾在進入山野時更加謹慎。但在瑞典政府鼓勵，民眾普遍持開放態度，以及悠久的「公眾近用權」傳統下，目前政策上仍希望大眾能無後顧之憂地進入山林，享受大自然的美好。

只是，從事戶外活動時，別忘了大自然是嚴峻無情的。如同「山區安全委員會」官網首頁上的標語所說：準備得越周全，山岳能給你的體驗更美妙！

星期五下午，我和朋友來到市政府門口，雖然做足了待在戶外的準備，零下三度的氣溫，還是讓人不由得感到有點冷。在市政府前聚集的人漸漸多了起來，布條與標語也紛紛出現「沒有第二個地球（沒有替代方案）」、「為了氣候動起來」、「為了氣候，傾盡所能」。我們跟身旁的人聊了起來，原來有些人自從十六歲的葛莉塔．圖白（Greta Thunberg）[23]在波蘭舉行的氣候變遷會議發言之後，就開始響應她的氣候行動，每個星期五到市政府

23 台灣媒體以英語發音翻譯為「吉利亞塔．桑柏格」，此為瑞典語發音翻譯。延伸閱讀：轉角國際〈我的罷課孩子救未來？少女葛莉塔的「瑞典叛逆學」〉

前聚集，希望政府正視氣候危機並立即做出回應。

這個運動若在世界上任何一個城市發生，都不會讓我特別驚訝，但在韋克舍這個號稱歐洲最綠的城市，從一九九六年訂下減碳目標後，一九九九年到二〇一五年間減碳百分之五十八，並且經濟持續成長的這個城市，人們依然不滿足，走上街頭要求政府做出更實際的行動，找出更立即的對策。

最綠小城韋克舍的「黑」歷史

位於瑞典東南部的韋克舍（Växjö）只有六萬六千餘居民，以人口來算，是瑞典第十九大城。雖然只是個小型城市，但如同許多瑞典城市，韋克舍被湖泊與森林圍繞，而且市中心就有一座湖泊，是居民珍愛的休憩區域。這個城市以湖交界之路得名（Väg 是路的意思，sjö 則是湖），早期是鄰近地區的宗教與商業中心。

今日的韋克舍湖與楚門湖風景明媚，沿岸人行步道與單車道系統完善，還有每年由居民選出的藝術裝置與親水設施。不管天氣如何，在湖邊總是能遇見運動、休憩的人們。「到湖邊走走」或「環湖跑步健身」是很受韋克舍居民歡迎的社交活動。友善環境的綠色政策並非一直都是韋克舍的發展重心，韋克舍的環保工作始於一九七〇年代，整治坐落於市中心的韋克舍湖和楚門湖開始。

一八六〇年代的韋克舍湖畔是個人們避而遠之的地方，是整個城市汙水的集中地。隨著都市發展，汙水系統雖然建立了起來，卻不夠完善。當時的處理方法，就是將所有汙水注入市中心的韋克舍湖，結果很快就引來居民嚴重抗議。市政府於是又將汙水分散注入到其他鄰近的湖泊，楚門湖正是其中之一。二十世紀初，湖邊的製線工廠讓湖水的品質更加惡化，湖水惡臭、魚也大量死亡。一九三三年，幾位來自德國的教授發現，韋克舍湖水的水質竟比大都會柏林的水質還差，引起瑞典國內注意。三十幾年後，瑞典學者斯凡・比優克（Sven Björk）發表整治楚門湖的草案，不但帶著韋克舍向最綠小城的命運前進，也帶瑞典環境保育走向新的篇章。

在比優克教授的建議之後，韋克舍的政治人物們便擔起責任，擬定對策，開始著手整治楚門湖。這個為時約兩年的計畫，引起了國內外政治圈、學術圈與環保圈的關注，也開啟了此後許多其他類似計畫的進行。

打造名符其實的歐洲最綠城市

搬到韋克舍完成戶口登記不久之後，我收到一封市政府的來信，信中包括一份城市介紹手冊，以及一本各種體育、藝文活動與食衣住行的優惠券。手冊的封面是一張再普通不過的市民日常寫照：一個戴著棒球帽、赤腳的小男孩在市中心商店街的噴泉玩水，背景是兩個媽媽，一個滿帶微笑、一個推著娃娃車，車裡的小娃兒也對噴泉看似興趣滿點，他們身後是一棵大樹，不遠處停著一輛自行車。這張圖片雖然平凡，但也十足呈現了韋克舍這個城市希望帶給居民的理想生活：乾淨的水、友善兒童的環境、綠意盎然的城市、便利的自行車設施、安心又快樂的居民。

歐洲最綠城市的名號，對韋克舍來說就像一個美麗的咒語，讓全民一頭栽進了永續發展工作的不歸路。這個稱號來自英國廣播公司（BBC）二〇〇七年的報導。一九七〇年代展開環保工作之後，這座小小的城市在一九九六年成為世界第一個宣告「全面告別化石燃料計畫」的城市，希望在二〇三〇年達到完全無化石燃料的目標。英國廣播公司的報導，讓世界認識這個有雄心壯志的瑞典小城市，也讓這個一夜之間得到此美名的城市，從此更加努力成為名符其實的綠城。

為了達成零化石燃料的目標，韋克舍從交通運輸、供電、暖氣、住宅下手，目前市內所有公車都靠市民回收的廚餘所產生的生質能運轉，單車道系統相當健全且便利。大部分的居民和公司行號用電與暖氣系統皆來自韋克舍能源公司（Växjö Energi AB，VEAB），這間公司以林業剩餘的木屑、樹皮等質材燃燒發電，發電過程中產生的熱水，則在循環系統中在家戶的暖氣設備、熱水供應以及發電廠之間環繞。目前韋克舍能源公司的再生能源使用量已達到將近百分之九十，為了配合市政府的零化石燃料計畫，韋克舍能源公司仍在繼續更新技術，希望十年內達到百分之百用再生能源發電的目標。在住宅方面的努力，除了積極建築木製住宅之外，還有個翻新老房子的計畫，於高失業率、低收入、移民聚集的歐若比區（Araby）實行。翻新後，預計可以減少原本舊建物百分之四十的碳排放量。

政客、公務員、民間全體動員做環保

談到韋克舍的環境工作，很難不提到跨黨派政客在議會與執政的努力，從一開始湖的清理工作到零化石燃料計畫，再到現在的二〇三〇永續發展目標。若沒有政客擔起責任，以及對環境政治的勇氣與信心，韋克舍可能很難有今日的成就與動力。

然而，徒有政策的擬定，沒有公務員的推動和民間的支持，政策再完善、願景再美麗，也只是紙上談兵。我曾和一位任職韋克舍環境部門的公務員聊到政府如何推動這些政策，他表示，瑞典向來有強調合作的傳統，再加上公家機關與學校都是由市政府管轄，所以政策推動起來相對容易。我再問：「難道你們都不會接到任何投訴或抱怨嗎？」他說：「我們所接到的投訴都是抱怨政府實行計畫的動作太慢，或是做得不夠，甚至是做法不夠進步，大部分的機關跟市民都非常期待政府可以做更多、更好。」然後我想起每個週五在歐洲最綠城市府外抗議的民眾，他們就是這樣的一股力量，不斷督促，推著、逼著政府不得怠惰。

我暗自想，那私人公司總不會那麼配合了吧？畢竟環境保護與經濟發展通常有所牴觸。我又問，政府如何跟私人企業合作。他告訴我，很多公司行號因為在韋克舍設廠，從城市的節能減碳政策中得到許多好處，因此，私人企業也非常支持政府在這方面的發展。此外，政府需要企業提供想法和發展的創新能力，企業也需要政府幫忙，向中央政府或歐盟申請更多相關的補助。在環保方面，政府和企業有很多的互動。

然而這並不表示韋克舍的環境政策就是完美無缺，近來市政府爭取增加韋克舍機場的國際航班，鼓勵人們搭飛機旅行的作為，就遭受不少批評。

不斷進步、提升的思維帶動社會發展

韋克舍訂立的環境計畫中，以三個面向的永續發展為目標，除了零化石燃料，更希望透過綠色生活和自然環境保育，從食、衣、住、行各方面下手，讓社會發展對環境更友善。韋克舍市政府給自己設定的目標，則是能繼續保持在世界城市永續發展的領導地位。

面對氣候變遷，許多人抱持著悲觀的想法，認為人類沒救了，一切都太遲了，或覺得個人或小城市的小小努力，不可能改變地球暖化的事實，大國、大企業、聯合國才是最重要的行動者。這絕對不是推動韋克舍或瑞典往永續社會前進的動力。身為一個韋克舍的居民，我看到的是大膽作夢、勇敢創新、實踐的社會，從政府、學校、商界到一般民眾，人人對成為名符其實的最綠城都有一種信念、願景還有驕傲。這種驕傲並非來自這個城市有多少購物城，有多少不得了的風景名勝，也並非來自有多少好吃的美食。這是一種對自己城市的發展、生活方式的認同所來的驕傲，對未來可以有所期望並且充滿想像的一種自信。

韋克舍並未因為目前的成就而自滿，反而在永續發展的路上繼續努力精進，二〇一八年獲得歐洲綠葉獎（European Green Leaf）。歐洲最綠城的美麗咒語，依舊在韋克舍人的腦中不斷迴盪，「要繼續前進！」他們這樣告訴自己。

在瑞典住得越久、看得越多，越能確定瑞典並非人人口中的「天堂」，瑞典絕對不是個完美的國家，甚至越來越不「社會主義」了。瑞典在面對資本主義、自由市場經濟時，國企民營化與變買公有土地以增加政府收入等手段時有所聞。在瑞典生活的人們也會有煩惱，他們的煩惱可能跟住在台灣、美國、泰國的你相去不遠，也有年輕世代越來越窮、房價高漲、退休金縮水的狀況。這樣不完美，甚至坑坑疤疤的瑞典不時讓我憂心：取經者的我憂心看見「模範生」瑞典的「墮落」；新移民的我憂心看見自己不光明的未來。

然而，讓我對瑞典的未來仍然抱持著希望的，是瑞典人對於平等價值的內化與堅持，以及小國外交的彈性與韌性。瑞典並非世界強國，時常得因為政治、經濟因素，對人權、民主做出妥協，而被批評為「虛偽」、「人權自助餐」。最明顯的例子，應該是瑞典推動和平不遺餘力，但同時也是世界排名前十的武器輸出國，輸出武器到獨裁國家的行為一直為瑞典大眾詬病。不過，瑞典不跟強國或政經利益對著槓，不代表他們沒有底線，他們選擇適時適度出擊，使用不同的工具和管道進行有彈性的外交。了解自己的限制，全力發揮自己的優勢，在世界舞台中用中庸小國的方式，持續製造影響力。

另外，他們面對挑戰時的積極態度，以及積極進取的生活心態，也讓我對這個國家的未來保有希望。對許多瑞典人來說，解決問題是達到目的的必經之路，而非改變或放棄目的的理由。他們對於自己的成果可以自豪但永不自滿，總是相信還可以更好，希望可以再突破，更上一層樓。這種態度和思維，讓人處在身邊人的不斷在尋求進步、社會不斷在向上，自己也不能怠惰的情境，也讓瑞典在政策制定、新創能力、綠能技術等方面領先世界。

對我來說，瑞典人將古老諺語「山不轉，路轉；路不轉，人轉。」的意境詮釋的淋漓盡致，在不斷的挑戰與困境中，不斷嘗試、學習，找出自己的路。希望看完這本書之後，你也跟我一樣，能了解到瑞典之所以為今日的瑞典，並非因為這個國家「天生體質好」。希望你也看到了這個國家是如何從歐洲最窮國、文化與經濟邊陲，一路走出專屬自己的路，並且仍持續邊走、邊修正。

70

國家圖書館出版品預行編目資料

瑞典模式：你不知道的瑞典社會，幸福的十五種日常／辜泳秝著. --初版. --
臺北市：商周出版：家庭傳媒城邦分公司發行, 民2019.11
面；　　公分

ISBN　978-986-477-759-4（平裝）

1. 社會生活　2.瑞典

747.53　　108018416

瑞典模式：你不知道的瑞典社會，幸福的十五種日常

作　　者／辜泳秝
企畫選書／賴芊曄
責任編輯／陳思帆

版　　權／黃淑敏、林心紅
行銷業務／莊英傑、李衍逸、黃崇華
總 編 輯／楊如玉
總 經 理／彭之琬
事業群總經理／黃淑貞
發 行 人／何飛鵬
法律顧問／元禾法律事務所　王子文律師
出　　版／商周出版　城邦文化事業股份有限公司
台北市104民生東路二段141號9樓
電話：(02) 25007008　傳真：(02)25007759
E-mail:bwp.service@cite.com.tw
發　　行／英屬蓋曼群島商家庭傳媒股份有限公司 城邦分公司
台北市中山區民生東路二段141號2樓
書虫客服服務專線：02-25007718；25007719
服務時間：週一至週五上午09:30-12:00；下午13:30-17:00
24小時傳真專線：02-25001990；25001991
劃撥帳號：19863813；戶名：書虫股份有限公司
讀者服務信箱：service@readingclub.com.tw
城邦讀書花園：www.cite.com.tw
香港發行所／城邦（香港）出版集團有限公司
香港灣仔駱克道193號東超商業中心1樓
E-mail：hkcite@biznetvigator.com
電話：(852) 25086231　傳真：(852) 25789337
馬新發行所／城邦（馬新）出版集團【Cité(M)Sdn. Bhd.】
41, Jalan Radin Anum, Bandar Baru Sri Petaling,
57000 Kuala Lumpur, Malaysia
電話：(603) 90578822　傳真：(603) 90576622

版型設計／鍾瑩芳
封面設計／林芷伊
排　　版／游淑萍
印　　刷／高典印刷有限公司
總 經 銷／聯合發行股份有限公司　電話：(02)2911-0053

■2019年（民108）11月7日初版
■2022年（民111）3月2日初版3.5刷
定價／350元

Printed in Taiwan
城邦讀書花園
www.cite.com.tw

ISBN 978-986-477-759-4

商周出版

廣	告	回	函
北區郵政管理登記證			
台北廣字第000791號			
郵資已付，免貼郵票			

104台北市民生東路二段 141 號 2 樓

英屬蓋曼群島商家庭傳媒股份有限公司　城邦分公司

請沿虛線對摺，謝謝！

商周出版

書號：BK5153	書名：瑞典模式：你不知道的瑞典社會，幸福的十五種日常	編碼：

請於此處用膠水黏貼

商周出版

讀者回函卡

謝謝您購買我們出版的書籍！請費心填寫此回函卡，我們將不定期寄上城邦集團最新的出版訊息。

姓名：________________________ 性別：□男 □女

生日：西元__________年__________月__________日

地址：________________________

聯絡電話：______________ 傳真：______________

E-mail：________________________

學歷：□1.小學 □2.國中 □3.高中 □4.大專 □5.研究所以上

職業：□1.學生 □2.軍公教 □3.服務 □4.金融 □5.製造 □6.資訊

□7.傳播 □8.自由業 □9.農漁牧 □10.家管 □11.退休

□12.其他__________________

您從何種方式得知本書消息？

□1.書店 □2.網路 □3.報紙 □4.雜誌 □5.廣播 □6.電視

□7.親友推薦 □8.其他__________________

您通常以何種方式購書？

□1.書店 □2.網路 □3.傳真訂購 □4.郵局劃撥 □5.其他________

您喜歡閱讀哪些類別的書籍？

□1.財經商業 □2.自然科學 □3.歷史 □4.法律 □5.文學

□6.休閒旅遊 □7.小說 □8.人物傳記 □9.生活、勵志 □10.其他

對我們的建議：________________________

____

____

____

____

【為提供訂購、行銷、客戶管理或其他合於營業登記項目或章程所定業務之目的，城邦出版人集團（即英屬蓋曼群島商家庭傳媒（股）公司城邦分公司、城邦文化事業（股）公司），於本集團之營運期間及地區內，將以電郵、傳真、電話、簡訊、郵寄或其他公告方式利用您提供之資料（資料類別：C001、C002、C003、C011等）。利用對象除本集團外，亦可能包括相關服務的協力機構。如您有依個資法第三條或其他需服務之處，得致電本公司客服中心電話(02)25007718請求協助。相關資料如為非必要項目，不提供亦不影響您的權益。

1. C001辨識個人者：如消費者之姓名、地址、電話、電子郵件等資訊。
2. C002辨識財務者：如信用卡或轉帳帳戶資訊。
3. C003政府資料中之辨識者：如身分證字號或護照號碼（外國人）。
4. C011個人描述：如性別、國籍、出生年月日。

請於此處用膠水黏貼